丛书系国家社科基金重大招标项目《以"两个结合"继续推进马克思主义中国化时代化研究》(项目编号:23ZDA006)阶段性成果

中山大学中共党史党建研究院
理解和推进「第二个结合」丛书

张　浩　主编

读懂 任人唯贤

吴　瑞／著

人民日报出版社
北京

图书在版编目（CIP）数据

读懂任人唯贤 / 吴瑞著；张浩主编 . -- 北京：人民日报出版社, 2024. 10. -- ISBN 978-7-5115-8458-8

Ⅰ . D262.3

中国国家版本馆 CIP 数据核字第 2024W6L683 号

书　　　名：	读懂任人唯贤 DUDONG RENRENWEIXIAN
著　　　者：	吴　瑞
主　　　编：	张　浩
出 版 人：	刘华新
策 划 人：	欧阳辉
责任编辑：	毕春月　高　亮
装帧设计：	新成博创 XIN CHENG BO CHUANG
出版发行：	人民日报出版社
社　　　址：	北京金台西路 2 号
邮政编码：	100733
发行热线：	（010）65369509　65369527　65369846　65363528
邮购热线：	（010）65363531　65363527
编辑热线：	（010）65369521
网　　　址：	www.peopledailypress.com
经　　　销：	新华书店
印　　　刷：	北京盛通印刷股份有限公司
法律顾问：	北京科宇律师事务所　（010）83622312
开　　　本：	710mm×1000mm　1/16
字　　　数：	152 千字
印　　　张：	14.75
版次印次：	2024 年 10 月第 1 版　2024 年 10 月第 1 次印刷
书　　　号：	ISBN 978-7-5115-8458-8
定　　　价：	49.80 元

如有印装质量问题，请与本社调换，电话：（010）65369463

理解和推进"第二个结合"丛书
编委会

策 划：刘志明

主 编：张 浩

编 委（按丛书顺序）：

罗嗣亮 陶 颖 吴之声 何 旗 吴 瑞 余 斌

黄越泓 骆红旭 贾 茹 邓菀莛 姚丽梅 罗 楠

总　序

读懂"第二个结合"

在庆祝中国共产党成立 100 周年大会上，习近平总书记首次提出马克思主义基本原理同中国具体实际相结合、同中华优秀传统文化相结合的重大论断。在党的二十大报告中，习近平总书记对"两个结合"进行了深刻阐述："中华优秀传统文化源远流长、博大精深，是中华文明的智慧结晶，其中蕴含的天下为公、民为邦本、为政以德、革故鼎新、任人唯贤、天人合一、自强不息、厚德载物、讲信修睦、亲仁善邻等，是中国人民在长期生产生活中积累的宇宙观、天下观、社会观、道德观的重要体现，同科学社会主义价值观主张具有高度契合性。"在 2023 年 6 月 2 日召开的文化传承发展座谈会上，习近平总书记再次论及"两个结合"，特别对"第二个结合"进行了充分论述，阐明了马克思主义基本原理同中华优秀传统文化相结合的内在机理，即彼此契合、互相成就，揭示了马克思主义基本原理同中华优秀传统文化相结合对于筑牢道路根基、打开创新空间、巩固文化主体性方面具有重大意义。习近平总书记还强调，

"第二个结合"是又一次的思想解放,是中国共产党对马克思主义中国化时代化历史经验的深刻总结,表明了党在传承中华优秀传统文化中推进文化创新的自觉性达到了新高度。

马克思主义基本原理同中华优秀传统文化相结合的根本原因在于二者的契合性

产生于不同社会环境下的两种思想文化,要想达到相互适应、相互融合的和谐统一状态,彼此之间必须具有高度的契合性,这是促使两种文化有机结合进而造就一个新的文化生命体的根本原因。习近平总书记在文化传承发展座谈会上强调:"马克思主义和中华优秀传统文化来源不同,但彼此存在高度的契合性。"这种内在契合性可以体现在宇宙观、社会观、价值观、方法论等方面。

其一,宇宙观的契合性。宇宙观,又可以称为世界观,是人们对于客观存在的物质世界到底是什么以及如何认识客观物质世界的总的看法和根本观点。马克思主义世界观主要指对自然界、人类社会以及人与自然关系的整体看法,是指导人们认识和探索宇宙世界的思想指南。在对自然界的认识上,马克思主义强调自然规律的客观性,认为人类来自自然界,与自然界有着天然的和谐关系,即"人本身是自然界的产物,是在自己所处的环境中并且和这个环境一起发展起来的"[①]。在对物质存在方式的认识上,马克思主义认为,要从物质运动的表现形式出发来认识客观世界,指出:"一切存在的基

---

① 《马克思恩格斯选集》第3卷,人民出版社2012年版,第410页。

本形式是空间和时间,时间以外的存在像空间以外的存在一样,是非常荒诞的事情。"[1] 马克思主义的自然观和时空观作为世界观的重要组成部分,是马克思主义世界观的思想坐标,是考察人类社会发展规律的理论基础,也是从实际出发考察国家现实发展的思想根据。基于此,坚持一切以时间、地点和条件为转移的方法论成为将马克思主义基本原理应用于具体社会实践的逻辑前提,也为能够同中华优秀传统文化相结合提供了内在根据。

中华优秀传统文化的宇宙观,以"天人合一"为思想内涵,以中国人认识世界和改造世界的时空观为逻辑起点,是世界观借以中国语言的特殊表达。关于对自然的看法,中华优秀传统文化崇尚"天人之际,合而为一"的境界,阐述了"天道"和"人道"的相互关系,提出了人们应当恪守的行为准则。具体而言,"天道"即天地之间万事万物运行的客观规律,"人道"即在人类社会中规范人们行为方式的道德准则和精神品质以及人类社会发展运动的客观规律。二者的关系为"天地与我并生,而万物与我为一",即人不仅属于自然界的一部分,其本身还需要通过修身养性以达到与自然界和谐统一的境界。对时空的看法,源于对"宇宙"的考察。"宇宙"一词,可追溯至《庄子·齐物论》:"奚旁日月,挟宇宙?"《经典释文》引《尸子》之言道:"天地四方曰宇,往古来今曰宙。"这表明,"宇宙"作为表述时空的概念,已经为人们所用,其中,"天地四方""往古来今"即是对"时空"的中国话语表达。此外,郭象注《庄子·庚桑楚》提道:"宇者,有四方上下,而四方上下未有

---

[1]《马克思恩格斯文集》第9卷,人民出版社2009年版,第56页。

穷处；宙者，有古今之长，而古今之长无极。"可以看出，中国古人对于"宇宙"的探索已经达到新的境界，即道出了空间存在的现实性、时间交替的继起性以及时间和空间发展的无限性。这些观点都与马克思主义的时空观高度契合，为同马克思主义基本原理相结合准备了思想条件。

其二，社会观的契合性。社会观指的是关于社会中的人类活动、社会发展的动力因素以及社会发展的趋势方向的整体看法。马克思主义社会观从"现实的人"出发，考察人类社会的实践活动，提出人类社会发展的终极目标和最高理想。在科学实践的基础上，马克思主义社会观以人类社会或社会的人类为出发点和立足点，对人类社会发展动力展开考察，认为人民群众的整体诉求和行动轨迹代表社会发展的方向，是推动社会变革发展的决定力量。由此，在推动社会变革发展的具体实践中，要坚持把人民群众放在至高无上的地位，发挥人民群众改造现存社会、追求理想社会的强大力量。关于理想社会，马克思主义提出人类社会的发展趋势为共产主义社会，即每个人的自由全面发展的美好社会。在这个理想社会中，社会生产力高度发展、物质资料极大丰富、旧式分工彻底消除、阶级对立和剥削压迫彻底消亡、生产资料实现公有，社会关系高度和谐，全体社会成员得到自由全面发展。到那时，全人类有着共同的利益基础，社会成为"真正的共同体"，人们真正摆脱了"人的依赖关系"和"物的依赖关系"，真正实现了每个人的"自由发展"。

中华优秀传统文化的社会观，基于"天下观"的基本理念，倡导"以民为本"的重要思想，将"大同"作为社会发展的终极目标，体现了中国人民家国同构的情怀伦理和对美好社会的向往追求。中华优秀传统文化视黎民百姓为国家根本，其中所蕴含的"民为邦本"思想由来已久。《尚书》载："民惟邦本，本固邦宁。"《孟子·尽心下》提出："民为贵，社稷次之，君为轻。"《荀子·哀公》提出："君者舟也，庶人者水也。水则载舟，水则覆舟。"中华优秀传统文化强调对"民"的重视，并将其丰富和拓展成为中华民族宝贵的精神财富，在一定意义上也成为栽培马克思主义"人民至上"观念的思想土壤。关于未来社会构想，《礼记·礼运》提出的"大道之行也，天下为公"以及对大同社会的描绘，道出中华民族对美好社会的千年夙愿。其中，关于大同社会"矜寡孤独废疾者皆有所养""货恶其弃于地也，不必藏于己；力恶其不出于身也，不必为己"等的描述，实际上体现了人们对于物质资料丰富充裕和社会公有制的追求，这也与共产主义的理想追求有着共通之处，增强了中华民族对马克思主义的认同感。"任人唯贤"出自《尚书·咸有一德》，体现的是重视人才，唯贤是举。马克思主义在确认人民群众在社会历史发展中的主体作用的同时，并不否认少数英雄人物起到的关键作用，这与中华优秀传统文化具有契合性。"为政以德"出自《论语·为政》，"为政以德，譬如北辰，居其所而众星共之"，讲的是统治者和官员要有道德操守，在重视个人品德、遵守政治规则的同时，尽力施行仁政，体现的是正身爱民的思想。"为政以德"是"民为邦本"思想的延伸和在政治上的表现，与"民为贵，社稷次之，君为轻"是相通的，同马克思主义的群众观点和群众路线也是相通的。"讲信修睦"最早出自《礼记·礼运》，核心含义是人与人之间、国与国之间要讲究信用，谋求和睦，强调信用与和睦，涉及人际关系乃至团体、群体的互相交往层面。"亲仁善邻"出自《左传·隐公六年》，"亲仁善邻，国之宝也"，讲的是国家民族间要和平相处，不以邻为壑，这也与中华文明的和平性相一致。"革故鼎新"源于《周易》的《革卦》与《鼎卦》，后世将其合二为一作为成语，意指改变社会上陈旧的、不合时宜的旧事物、旧制度，革除违背世道人心的不良因素，荡涤阻碍历史潮流的瑕秽污渍，它与马克思主义所讲的社会革命思想观点相契合。总之，中华优秀传统文化的社会观中关于人民主体力量和未来理想社会的思想与马克思主义社会观高度契合，为二者有机结合奠定了观念基础。

其三，价值观的契合性。价值观，是人们对于是非曲直的认知、判断和选择，体现着人们对于某种精神境界的追求和向往。马克思主义价值观，坚持以人的自由全面发展为核心目标和最高价值，以个人与社会的辩证统一为基本原则和实践遵循，旨在为绝大多数人谋利益，追求真正的普遍的共同利益。马克思、恩格斯在阐明"人的本质"和"社会关系"的基础上，提出个人与社会关系。立足于"人的本质在于其社会性"的观点，马克思主义认为，个人是社会的一部分，个人应该承担起推动社会发展的责任，个人离开了社会就无法生存。基于此，马克思主义提出集体主义的价值观念和道德原则，认为个人只有实现其社会价值才能实现其个人价值。此外，马克思、恩格斯还进一步指出，在共产主义社会，个人利益与社会利益高度一致，个人在维护社会利益的同时，社会也在保障个人利益，即"每个人的自由发展是一切人的自由发展的条件"[①]。马克思主义这种基于人的本质立场的集体主义价值观念和核心目标,为其同中华优秀传统文化深度融合开拓了道路。

中华优秀传统文化的价值观,有明显的集体主义情感倾向,强调群体高于个体。在宗法制的影响下,古代中国强调个人要遵循社会秩序和等级分配,通过"克己"达到"复礼",以维护封建统治。具体而言,"仁"的价值观念要求人们与人为善,尊重他人,对他人负责;"义"的价值观念要求人们对他人和社会公共利益作出贡献;"礼"的价值观念要求人们遵循社会礼仪,维护社会秩序和规范。中华文明强调的"自强不息",出自《周易·乾卦·大象传》,"天行健,君子以自强不息",意指一个人要有志向,要奋斗上进。"厚德载物"一词,出自《周易·坤卦·大象传》中的"地势坤,君子以厚德载物",指的是人作为天地之间的个体,应当取法于大地,不以个人得失为意,包容万物和他人。从国家层面来看,中华优秀传统文化提倡"苟利国家生死以,岂因祸福避趋之"的家国情怀和"修身、齐家、治国、平天下"的道德追求,认为只有融入社会、忠君报国才是有高尚品德的"君子"。以上种种都体现了中华优秀传统文化对个人的道德要求和行为准则,是中华优秀传统文化价值观的具体彰显。概言之,无论是马克思主义关于人的社会本质和集体主义价值观的思想,还是中华优秀传统文化所讲的个人要遵循社会秩序的观念,都强调个人价值的实现要以社会价值的实现为前提,都认为个人要对社会和集体付出并作出贡献,这鲜明体现了马克思主义

---

① 《马克思恩格斯文集》第2卷,人民出版社2009年版,第53页。

基本原理同中华优秀传统文化在价值观上的高度契合。

其四，方法论的契合性。方法论，是指导人们认识和改造世界、对人们的思维和行为方式产生影响的系统理论。马克思主义方法论，即唯物辩证法，要求人们不仅要从客观现实出发，通过理性思维来认识客观世界，而且要遵循客观规律，发挥人的主观能动性，通过具体实践去改造客观世界。从马克思主义理论的发展历程来看，这一科学理论生成发展的每一步都与实践紧密相连，它从实践中产生，在实践中发展，又反作用于实践并推动新的实践。从马克思主义哲学的任务要求来看，这一哲学思想特别重视实践的重要作用，强调哲学的任务不仅是要改变人们的思维方式、帮助人们理性认识世界，更是要基于此指导人们改变世界。它阐明了实践是全部社会生活的本质的观念，启发人们在社会实践活动中应用科学理论认识。这不仅为人们提高理性认识提供了方法指南，也为无产阶级进行革命斗争提供了实践工具。更重要的是，这种理论和实践相结合的方法论也为马克思主义中国化准备了思想条件和理论前提。

中华优秀传统文化的方法论，以"行"为核心范畴，通过论述"行"与"知"、"行"与"言"、"行"与"学"等的关系，提出"知行合一""言行合一""学至于行"的观念主张。关于"知行合一"的方法论，王阳明主张"尽天下之学无有不行而可以言学者，则学之始固已即是行矣"，大意是知识、道理和学问需要通过行为实践才能获得，并强调格物致知、知行合一，这实际上与马克思主义"一切从实际出发"是高度契合的。关于"言行合一"的方法论，《论语·宪问》有曰，"君子耻其言而过其行"，提倡人们说话行动要一致，不能纸上谈兵。孔子还提出了考察人的品行的方法论，认为一个人的实际行动是评判其言语和道德的标准，即"听其言而观其行"。这两个观点实际上与马克思主义"实践是检验真理的唯一标准"有相似之处。关于"学至于行"的方法论，《荀子·儒效》讲道，"不闻不若闻之，闻之不若见之，见之不若知之，知之不若行之。学至于行而止矣"，即认为听到、见到和了解到都不如自己去实际行动所收获到的，只有真正行动了，知识和学问才真正实现了其价值。从本质上看，这种"学至于行"的求知方法与"实践是认识的目的和归宿"的方法论有着契合之处。

马克思主义基本原理同中华优秀传统文化相结合实质上是一场深刻的"化学反应"

马克思主义基本原理同中华优秀传统文化二者相互契合才能有机结合。那么，二者结合的实质到底是什么？对此，习近平总书记指出："'结合'不是'拼盘'，不是简单的'物理反应'，而是深刻的'化学反应'，造就了一个有机统一的新的文化生命体。"[①] 这一重要论述深刻揭示了"第二个结合"的实质过程和成果形态，明确指出了二者相遇会产生创造新价值、新思想、新事物的化学反应，同时意味着二者的结合既不是内容的机械拼盘，也不是话语和范畴的简单杂糅，更不是以中华优秀传统文化为主导把马克思主义儒学化，而是经过一次次碰撞、交流、会通而实现螺旋式上升后的有机融合、

---

① 习近平：《在文化传承发展座谈会上的讲话》，《求是》2023年第17期。

血肉相连，乃至基因重组，进而生成新的物质。

其一，深刻的"化学反应"创造了新的文化生命体。马克思主义基本原理同中华优秀传统文化相结合所产生的"化学反应"形态集中体现在二者结合的深度与质变特性上，意味着这种"结合"不仅仅是简单的数的相加或物理拼接，而是通过深入融合和相互作用发生了根本性的变化，形成了全新的文化形态，即"新的文化生命体"。这种新的文化生命体作为马克思主义基本原理同中华优秀传统文化相结合的产物，不仅融合了二者精髓，而且在中国式现代化道路中实现了对中华文明的文化再造和生命更新，为新时代中国特色社会主义文化建设和文艺繁荣不断注入生机与活力，也为中国式现代化不断提供精神力量。在这一新的文化生命体中，马克思主义理论始终具有指导地位，不仅提供了科学的世界观和方法论，而且与中国的历史与实践紧密结合，经过长期的适应、调整和创新，形成了符合中国国情的理论体系和实践路径。通过马克思主义真理之光激活中华文明基因，中华优秀传统文化的价值观、思想精华和人文精神经历了现代化的筛选、提炼和再创造，与马克思主义基本原理相融合，共同塑造了新的文化形态，即中国式现代化的文化形态。

从"结合"的过程来看，马克思主义基本原理同中华优秀传统文化的结合，是一个坚持守正创新且具有鲜明实践导向的过程，不仅代表了中华文明内在包容性、开拓性的发展要求，也代表了马克思主义理论的创新要求、实践要求，从而产生了马克思主义在中国具体的历史与文化中生根发芽、开花结果的必然结果。这一结合过程体现出二者双向互动的机制,即马克思主义的精髓不断激活中华优秀传统文化的根脉,使中华优秀传统文化在新的历史进程中实现创造性转化和创新性发展;同时,中华优秀传统文化的精华也不断充实马克思主义的魂脉,为马克思主义的发展提供丰厚土壤和源头活水。正是在强国建设和民族复兴的宏大叙事与实践支撑下,通过对马克思主义中国化时代化内在机理、深层规律以及中华优秀传统文化的突出特性在长期实践和理论积淀中的揭示,马克思主义基本原理同中国国情、中国历史、中国文化深度融合,马克思主义在中国的文化土壤中扎根,马克思主义基本原理同中国国情相结合的深度和广度不断拓展,马克思主义基本原理同中华优秀传统文化的价值目标和价值立场达成辩证统一。在这一过程中,马克思主义的主导地位不断明确,中华优秀传统文化的世界意义和时代价值不断彰显。正是通过马克思主义同中华优秀传统文化相互作用、相互影响、相互塑造的"化学反应",形成了一个新的文化生命体,既体现了中华文明的深厚基础,也展现了马克思主义的科学性和真理性,推动了中国特色社会主义发展和中华民族现代文明建设。

从"结合"的结果来看,马克思主义基本原理同中华优秀传统文化相结合所产生的新的文化生命体的"果",体现出其"化学反应"不是简单元素的相加,而是深层次的、质的转化,最终诞生了全新的文化形态。在这场"化学反应"中,两种文化的相遇并非平行线的简单交错,而是深度的互渗互融。马克思主义的科学理论与中国传统文化的精神精华相互作用,经过长期的相互影响、相互改造,最终形成了既不同于传统文化的纯粹形态,也不同于马克思主义理论的原初形态，而是形成了一种新的、活的、具有中国特色的社会主义文化生命体。这一"化学反应"过程的特征，首先是选择性的融合。如同化学反应中的催化剂，特定的社会历史条件和实践需求促使这一融合过程选择性地吸收两种文化中最有益于中国社会发展的元素，去粗取精，去伪存真。其次是创造性的整合。不仅仅是物理层面的结合，更重要的是在思想深度和文化精神上的整合与创新，从而产生新的价值观念、思想理念和文化形态。最后是动态性的发展。它不是一次性完成的静态过程，而是随着社会实践的深入、时代需求的变化而持续进行的动态过程，这种文化生命体在不断的发展变化中更加成熟、充实、鲜活。因此，作为结合成果的新的文化生命体所体现的"化学反应"形态，正是在马克思主义的科学指导和中华优秀传统文化的精神滋养下，通过选择性融合、创造性整合和持续的动态性发展，形成的具有中国特色的社会主义文化。新的文化生命体不仅丰富了中国社会的文化景观，也为推进社会主义现代化建设、增强民族文化自信和促进人类文明进步提供了重要精神力量。

其二，深刻的"化学反应"开辟出中华民族现代文明建设之路。马克思主义基本原理同中华优秀传统文化相结合催生了新的文化生命体。这一新的文化生命体不仅重新定义了民族的精神面貌，也为中国式现代化奠定了文化根基。通过深刻的"化学反应"，马克思主义的科学理论与中华优秀传统文化的人文精神相互作用、相互渗透，共同构筑起中华民族现代文明的坚实基础，开辟出一条融合传统智慧与现代科学的现代文明建设之路。

一是重新定义了中华民族现代文明的精神面貌。马克思主义基本原理同中华优秀传统文化深层次、全方位的相互作用与渗透而形成的全新文化形态，对中华民族现代文明的精神面貌产生了深刻影响。马克思主义的科学理论提供了分析社会发展规律的工具，而中华优秀传统文化则赋予了民族精神深厚底蕴，二者的结合为中华民族现代文明提供了发展进程中所需的精神指引和文化自信。马克思主义关于人的自由和全面发展的观点，与中华优秀传统文化强调的和谐、中庸之道等价值观念的融合，形成了促进个人与社会、人与自然和谐共生的现代文明导向，不仅促进了社会的和谐稳定，也激发了个体的创造力和社会责任感，重新定义了中华民族现代文明的精神面貌，使之更加积极向上、开放包容。马克思主义真理之光激活了中华民族优秀基因，深化了中华民族对于文化根源和未来发展方向的自我认知。通过创造性转化和创新性发展，中华传统文化在马克思主义指导下吸收一切先进思想和理念，不仅巩固了自身深厚的文化底蕴，还形成了面向未来的开放态度和创新精神。这种精神面貌的转变，为中华民族在人类现代化历史进程中巩固文化主体性、加强文化创造性提供了源源不断的思想精华和精神动力。

二是为建设中华民族现代文明指明了前进方向。马克思主义的科学理论为建设中华民族现代文明提供了科学的理论指导，为当代中国的物质文明、精神文明、政治文明、社会文明和生态文明的协同发展指明了方向。马克思主义并不是与中国传统文化割裂的外来理论，而是在同中华优秀传统文化相结合的过程中，不断被赋予中国特色和时代内涵，使其能够更好地适应中国的国情和文化背景，从而更好指导中华民族现代文明的发展。马克思主义的科学理论与中华优秀传统文化的人文精神的结合，不仅丰富了中华民族现代文明的科学内涵，也为中华民族现代文明发展进程中遇到的理论与实践问题提供了独特的解决方案。中华优秀传统文化强调的和谐、中庸之道、重视道德和集体利益等价值观，与马克思主义关于社会公平、人的全面发展的理论相结合，形成了具有中国特色的社会主义价值体系，塑造了中华民族现代文明的价值方向，也为处理社会矛盾、促进社会和谐与进步提供了文化基础。马克思主义基本原理同中华优秀传统文化的结合，使中华民族现代文明实现了发展与创新。在文化层面，促进了传统文化的创造性转化和创新性发展，使中华文化在全球化语境下既保持了自身的独特性，又彰显了自身的开放性和包容性；在制度层面，既吸收了马克思主义的科学原理，又融合了中华优秀传统文化的治国理政智慧，形成了中国特色社会主义制度，有效推进了国家治理体系和治理能力现代化。

三是构筑起中华民族现代文明的坚实基础。马克思主义深刻揭示了人类社会发展的基本规律，为中华民族指明了社会主义现代化的基本方向；而中华优秀传统文化所蕴含的深厚人文精神，特别是关于和谐、中庸、仁爱的价值观念造就了民族道德文化的支撑力量，不仅保证了中华民族现代文明建设的科学性和进步性，也确保了其道德性和人文性，塑造了一种富有现代化张力的文明新形态，使古老的中华民族在明德修身上焕发新风貌。这一深刻"化学反应"也在推动着中华文明从传统文明向现代文明的转变，使中华民族不仅在物质层面实现现代化，更在精神和文化层面完成自我超越和接续发展，推动中华文明实现从以农业文明为主导的传统文明向以工业化、信息化、全球化为特征的现代文明的转变，增强文明自觉与文明自信相统一的历史主动。

其三，深刻的"化学反应"实现了又一次思想解放。在马克思主义基本原理同中华优秀传统文化相结合的深刻的"化学反应"中，二者精髓的融合实现了又一次思想解放的历史性跨越。这一结合深植于中国共产党解放思想的历史进程，体现了对党的理论创新经验的总结和对文化发展规律的洞察，同时展现了马克思主义中国化时代化的生动实践。通过这一结合，中华优秀传统文化得到创造性转化和创新性发展，马克思主义在中国的土壤中焕发出新的活力，为中华民族现代文明建设奠定了坚实的理论和文化基础，推动了中华文化在新时代的自信与自强，为中国式现代化探索提供了正确方向和强大动力。

首先，这场"化学反应"推动了对马克思主义与中华文化关系认识的思想解放。这场"化学反应"强调了马克思主义基本原理同中华优秀传统文化之间高度的契合性，打破了二者不可兼容的错误理解，促进了马克思主义文化理论的不断完善和发展。通过将马克思主义基本原理同中华优秀传统文化相结合，不仅为马克思主义在中国的发展注入了新的活力，也为中华文化的现代转型提供了科学指导和理论支持，这一过程本身就是对旧观念、旧文化的一种超越，体现了新时代中国共产党人的思想解放。在新的历史条件下，对马克思主义基本原理同中华优秀传统文化的结合进行时代化的阐释，形成了一系列关于社会主义文化建设的新的理论观点和实践成果，其精华就是习近平文化思想。这不仅为中华民族现代文明建设提供了根本遵循，也实现了思想理论的守正创新，有效推动了中国特色社会主义文化事业的发展。

其次，这场"化学反应"推动了对中国与马克思主义关系认识的思想解放。长期以来，在对中国与马克思主义关系问题的认识上，一部分人片面强调马克思主义科学理论对中国发展的深刻影响，但对中国之于马克思主义理论体系的发展贡献闭口不提。充分肯定马克思主义深刻改变了中国的认识当然是正确的，但停留于这样的认知是不全面的，因为这只看到了问题的一个方面。而"第二个结合"的提出，则使我们认识到马克思主义和中国是互相成就的关系，不仅马克思主义深刻改变了中国，中国也极大丰富和发展了马克思主义，这样的认识才更加全面。马克思主义基本原理同中国具体实际相结合侧重于理论与实践、主观与客观、应用与被应用的关系问题，这一结合做得再好，就其本质而言，也只能体现对马克思主义科学理论的深刻理解和有效运用，无法真正让马克思主义成为中国的。如果说这种结合语境下的"中国"具有明显的受动特质，那么"第二个结合"中的"中国"则表现出强烈的主体能动性。"第二个结合"触及古与今、中与西之间的交流互鉴和融合发展问题。正是通过深刻的"化学反应"，中华优秀传统文化得以进入马克思主义谱系之中，使马克思主义从中华文化沃土中获得丰厚滋养，使身为"舶来品"的先进理论真正内化为中华民族现代文明的有机组成部分，让马克思主义成为中国的。

再次，这场"化学反应"推动了对传统与现代关系认识的思想解放。对于传统文化，过去由于多种因素，有的人往往坚持着这样一种形而上学的偏见：将传统与现代文明机械地对立起来，一提到"传统"就认为是落后的、过时的、陈腐的，而"现代"就是进步的、发展的、时髦的，由此呼吁建设现代文明就必须彻底抛弃传统。事实上，传统与现代之间并非简单的对立或断裂关系，而是有着更为复杂的内在联系，呈现出相互兼容、相互作用的鲜明特征。"第二个结合"在厘清传统与现代关系层面实现了思想解放，凸显了中华优秀传统文化在现代化进程中的地位和价值，要求从连续性和整体性维度考察由传统中国到现代中国的发展演进过程，将中国视为一个连续发展的有机整体。传统与现代是相互影响、相互交融、相互塑造的，中国式现代化强调赓续而非消灭古老文明，是文明更新的结果，而不是文明断裂的产物。"第二个结合"强调以文化底蕴筑牢道路根基，让新时代的道路建设实践有了更为宏阔深远的历史纵深。中国式现代化与中华文明是相互影响、协同推进的，前者赋予后者以现代力量，后者赋予前者以深厚底蕴。

马克思主义基本原理同中华优秀传统文化相结合巩固了文化主体性

马克思主义基本原理同中华优秀传统文化相结合最根本的价值体现在什么地方？对此，习近平总书记在文化传承发展座谈会上指出，"第二个结合"巩固了文化主体性。何为文化主体性？这里的主体性，特指某一主体在文化活动中的重要地位。毫无疑问，这里的主体当然是指中国。因此，文化主体性实质上是指"在文化层面上彰显当代中国作为主体的特殊性质"①，是指中国共产党和中国人民对自身文化发展的高度主动权。习近平总书记强调："有了文化主体性，就有了文化意义上坚定的自我。"②拥有坚定的自我，更是凸显了中国这个主体在文化活动中的自主性和主动性。"第二个结合"巩固了文化主体性，具体体现为增强了文化自觉、坚定了文化自信、提升了文化自立、推进了文化自强。

其一，增强了文化自觉。何为文化自觉？一般认为，"文化自觉"一词最早由费孝通提出。费孝通认为，文化自觉是指"生活在一定文化中的人对其文化有'自知之明'，明白它的来历，形成过程，所具的特色和它发展的趋向"③。他进一步分析，这种文化自觉并不是要复古，也不是要全盘西化，而是为了加强文化转型和文化选择中的主动性以及主动地位。从这一角度来看，"第二个结合"正是如此。它深刻总结文化发展的历史规律，提出文化传承发展的方法，强调守正不守旧、尊古不复古，坚持古为今用、洋为中用，大大增强了中华民族的文化自觉。首先，"第二个结合"是文化传承发展的重要途径和方法。中华优秀传统文化源远流长、博大精深，是中华文化的根脉。但其归根到底是古代小农经济的产物，要使其跟上时代步伐，在当代继续发挥巨大作用，就必须在马克思

---

① 刘同舫：《"第二个结合"与文化主体性的巩固》，《思想理论教育》2024年第1期。

② 习近平：《在文化传承发展座谈会上的讲话》，《求是》2023年第17期。

③ 费孝通：《反思·对话·文化自觉》，《北京大学学报（哲学社会科学版）》1997年第3期。

主义这个魂脉的指导下，实现创造性转化和创新性发展。二者互相作用，互相成就，造就一个新的文化生命体，实现中华文化的新生。其次，"第二个结合"是对文化建设的规律性总结与认识。"第二个结合"不仅是理论逻辑上的必然结论，还是在对近代以来中国文化发展历史进行深刻总结的基础上得出的规律性认识。鸦片战争以后，中国逐步沦为半殖民地半封建社会。面对西方在文化领域的进攻，建立在小农经济基础之上的中国传统文化，在西方先进的资本主义文化面前败下阵来。中国人苦苦寻找文化发展的出路，直到马克思主义传入中国，才逐渐掌握了文化发展的主动权，在精神上由被动转为主动。中国共产党深刻认识到，马克思主义在中国的传播和发展，必须经由一定的民族形式才能够实现，必须同中华优秀传统文化相结合。正是因为坚持"第二个结合"，中国共产党领导人民创造了革命文化和社会主义先进文化，真正推动了中华文化在当代中国的大发展大繁荣。再次，"第二个结合"实现了马克思主义中国化时代化新的飞跃。党的十八大以来，以习近平同志为主要代表的中国共产党人坚持"第二个结合"，立足新时代中国实际，充分汲取中华优秀传统文化中的精华养分，创立了习近平新时代中国特色社会主义思想。从其科学的世界观和方法论，到治国理政的智慧和布局，习近平新时代中国特色社会主义思想闪耀着"第二个结合"的光辉，是中华文化和中国精神的时代精华，实现了马克思主义中国化时代化新的飞跃。

其二，坚定了文化自信。何为文化自信？顾名思义，文化自信就是对自身文化的价值有着高度的认识和肯定，以及对自身文化发展的坚定信心。文化自信是一个国家、一个民族立得住、站得稳、行得远的最大底气。一个民族的文化自信，往往需要经历长期的历史过程，需要经历岁月的反复淘洗和沉淀，需要对自身文化成果有着深刻的总结和继承，还需要对本民族优秀传统文化怀有足够礼敬。"第二个结合"的提出，标志着党的文化自信达到了新的高度。"第二个结合"指出文化自信的重要来源、突出内容和提升路径，大大坚定了中华民族的文化自信。首先，"第二个结合"指出了文化自信的重要来源。习近平总书记指出："中华优秀传统文化是中华文明的智慧结晶和精华所在，是中华民族的根和魂，是我们在世界文化激荡中站稳脚跟的根基。"[1] "第二个结合"充分肯定了中华优秀传统文化的重要作用，指出中华优秀传统文化是我们民族的自信之基、力量之源，是中华文明数千年来生生不息的精神力量，是中华民族历经千难万险依然屹立于世界民族之林的精神支柱。其次，"第二个结合"指出了文化自信的突出内容。中华优秀传统文化中丰富的哲学智慧、历史经验、人生价值、治国理念，是中华文明特有的精神标识，充分体现了中华民族自强不息的奋斗精神和饱含智慧的无穷创造力。再次，"第二个结合"揭示了文化自信的提升路径。要立足中华民族伟大历史实践和当代实践，坚持用中国道理总结好中国经验，加快构建中国特色哲学社会科学；坚持把中国经验提升为中国理论，不断推进马克思主义中国化时代化；坚持用中国理论回答好中国问题，为新时代中国特色社会主义伟大实践提供科

---

[1] 《习近平关于社会主义精神文明建设论述摘编》，中央文献出版社2022年版，第236页。

学理论指导。

其三，提升了文化自立。何为文化自立？立，就是要立足和扎根中国大地。文化自立就是强调作为文化主体的中国共产党和中国人民，以中国的优秀传统文化为滋养，以中国的社会实践为根据，排除外来因素的侵蚀和干扰，独立自主发展自己的先进文化。"第二个结合"坚持马克思主义指导，坚持从中国实际出发，充分运用中国传统智慧和文化资源，推动新时代文化发展，帮助我们党牢牢巩固文化领导权，大大提升了中华民族的文化自立。首先，"第二个结合"巩固了马克思主义在意识形态领域中的指导地位。马克思主义是我们立党立国、兴党兴国的根本指导思想，但是马克思主义不是一成不变的教条，它必须随着时代的发展而发展，才能始终保持旺盛生命力；必须结合当地的历史文化条件，才能更好地在本土扎根、传播，保证其作为指导思想的重要地位。"第二个结合"坚持守正创新，用中华优秀传统文化充盈、丰富了马克思主义，推动了马克思主义中国化时代化，使其更能符合中国实际，更能为中国人民所接受、领悟和掌握。这在根本上巩固了马克思主义在意识形态领域的指导地位。其次，"第二个结合"加强了中国共产党和中国人民作为文化主体的实践主动性。党的十八大以来，以习近平同志为核心的党中央科学总结中华文化发展历程，深刻洞悉中华文化发展大势，作出一系列关于文化建设的重要论述，并团结带领全国人民加以实践：强调必须坚持自信自立，中国的问题要立足中国实际，由中国人民自己来回答；强调必须加快构建中国特色哲学社会科学，必须体现继承性、民族性，充分利用好中华优秀传统文化资源，在吸收升华的基础上，使民族性更符合当代中国实际和人类发展要求；强调中国式现代化是赓续古老文明的现代化，而不是消灭古老文明的现代化，是从中华大地长出来的现代化，不是照搬照抄其他国家的现代化；等等。再次，"第二个结合"抵御了各类错误思潮的侵扰。习近平总书记指出："我们的同志一定要增强阵地意识。宣传思想阵地，我们不去占领，人家就会去占领。"[1] 面对各式各样的社会思潮、相互碰撞的价值理念、激烈变化的传播态势，"第二个结合"为我们坚持正确的文化建设方向，抵御各类错误思潮的侵扰提供了强大的思想武器：反对任何形式的文化复古主义，坚持推陈出新、革故鼎新；反对文化全盘西化论，正确对待西方文化，吸收人类文明一切有益成果，为我所用；反对西方在意识形态领域的和平演变，坚守社会主义文化建设的正确方向，增强中华文化在国际上的影响力。

其四，推进了文化自强。何为文化自强？进入新时代，中国人民迎来了从站起来、富起来到强起来的伟大飞跃。要真正实现强起来，不仅在物质层面要强，在精神层面也要强。文化自强，就是指中华民族依靠自己的努力，使自身在精神文化领域强起来。"第二个结合"是我们党对中华文明发展规律的深刻把握，为我们提供了一条在精神层面实现强起来的正确路径，为我们担负起新的文化使命指明了正确方向，大大推进了中华民族的文化自强。首先，"第二个结合"对推动文化繁荣有重要意义。勤劳勇敢的中国人民创造

---

[1]《习近平关于社会主义精神文明建设论述摘编》，中央文献出版社2022年版，第67页。

了灿烂辉煌的中华文化，开创了文化繁荣的美好景象。中华优秀传统文化滋养了一代代中国人，塑造了中国人的精神气质，满足了中国人的精神需求。如今，在新时代推进文化发展繁荣，中华优秀传统文化依然存在巨大价值。"第二个结合"将中华优秀传统文化的巨大价值充分彰显和发挥出来，使之与现代社会相适应，与社会主义核心价值观相协调，与当今时代发展与人民需求相符合，为社会主义文化大发展大繁荣提供源源不绝的养分。其次，"第二个结合"对建设文化强国有重要意义。习近平总书记指出，要"推动中华优秀传统文化创造性转化、创新性发展，继承革命文化，发展社会主义先进文化，不断铸就中华文化新辉煌，建设社会主义文化强国"[①]。国家的强盛，既要看经济军事等硬实力，也要看文化软实力。建设社会主义文化强国，是全面建设社会主义现代化国家的题中应有之义，而"第二个结合"是建设社会主义文化强国的重要途径。中华优秀传统文化中刚健有为、自强不息的精神气质激励着一代代中国人面对困境百折不挠，是刻在中国人骨子里的文化基因。今天，面对艰巨繁重的建设任务，中华优秀传统文化依然是中国人迎难而上的动力之源，"第二个结合"为建设文化强国提供了坚实的历史文化基础。再次，"第二个结合"对建设中华民族现代文明有重要意义。习近平总书记指出："中华优秀传统文化是中华文明的智慧结晶和精华所在，是中华民族的根和魂，是我们在世界文化激荡

[①] 《习近平关于社会主义精神文明建设论述摘编》，中央文献出版社2022年版，第30页。

读懂任人唯贤

中站稳脚跟的根基。"①建设中华民族现代文明，是推进中国式现代化的必然要求。中国式现代化是赓续古老文明的现代化，而不是消灭古老文明的现代化。要赓续古老文明，就必须使中华文明从适应自然经济的传统状态转变为适应工业社会的现代状态。"第二个结合"打通了中华优秀传统文化与现代文明相适应的关键渠道，使传统的成为现代的，更好地构筑起中国精神、中国价值、中国力量。

文化兴则国运兴，文化强则民族强。当今世界正经历百年未有之大变局，"源浚者流长，根深者叶茂"。站在历史的交汇点，在全面建成社会主义现代化强国、实现第二个百年奋斗目标的新征程上，我们应充分认识中华优秀传统文化的重要价值，坚定文化自信、历史自信，大力推进中华优秀传统文化的研究与传承。要坚持马克思主义理论的科学指导，透过表象看历史，深入挖掘中华优秀传统文化的精神标识和文化精髓，把马克思主义基本原理同中华优秀传统文化精髓融会贯通，进行创造性转化和创新性发展，赓续中华文脉，谱写当代华章。要深刻把握中华优秀传统文化的当代价值，充分发挥中华优秀传统文化的引领作用，把马克思主义基本原理同中国具体实际、同中华优秀传统文化相结合，坚定不移推进马克思主义中国化时代化，在守正中创新，在传承中发展，讲好"第二个结合"故事，更好推进中华民族现代文明的发展。

在中华人民共和国成立75周年、中山大学成立100周年之际，中山大学中共党史党建研究院组织专家学者撰写的理解和推进"第

---

① 《习近平关于社会主义精神文明建设论述摘编》，中央文献出版社2022年版，第236页。

二个结合"丛书的出版，具有重要的政治意义和纪念意义。同时，这套丛书是国家社科基金重大招标项目《以"两个结合"继续推进马克思主义中国化时代化研究》（项目编号：23ZDA006）阶段性成果，具有一定的学术意义。

希望这套丛书在深化对党的二十大精神、文化传承发展座谈会精神和习近平文化思想研究阐释方面立新功，在深化对"第二个结合"研究方面谋新篇，在推动讲好中华优秀传统文化故事、中国共产党故事等方面探新路。

是为序。

张 浩

中山大学中共党史党建研究院执行院长

目 录

第一章 / 001
任人唯贤的历史根脉和思想渊源

第一节　任人唯贤的内涵 ·· 004

第二节　中国古代人才选拔制度的变迁 ···························· 017

第三节　中国古代以任人唯贤为核心的用人智慧 ·············· 031

第二章 / 047
马克思主义理论与任人唯贤的契合性

第一节　马克思主义干部学说与任人唯贤思想相契合 ·············· 049

第二节　马克思主义人才观与任人唯贤思想相契合 ················ 071

第三节　马克思主义的民主集中制与任人唯贤思想相契合 ········ 089

第三章 / 097
中国共产党对任人唯贤的不懈求索

第一节　新民主主义革命时期践行任人唯贤……………………　100

第二节　社会主义革命和建设时期践行任人唯贤……………………　119

第三节　改革开放和社会主义现代化建设新时期践行任人唯贤……　128

第四节　中国特色社会主义新时代践行任人唯贤……………………　152

第五节　中国共产党任人唯贤的用人智慧……………………………　165

第四章 / 175
新时代新征程继续践行任人唯贤

第一节　深入实施人才强国战略…………………………………………　178

第二节　建设堪当民族复兴重任的高素质干部队伍……………………　188

第三节　深化人才发展体制机制改革……………………………………　193

01 第一章

任人唯贤的历史根脉和思想渊源

第一章
任人唯贤的历史根脉和思想渊源

任人唯贤作为中国古代政治思想的精华，为中国的大一统发展和中华文明绵延作出了重要贡献，并作为一以贯之的政治传统保留至今。作为成语的"任人唯贤"，其出处可以追溯到《尚书》中对于我国古代商汤推翻夏朝统治建立商朝的历史记载。追溯中华文明史，从中国原始社会部落联盟民主推选首领的禅让制，到科举制诞生、成熟、发展，中国古代的人才选拔制度始终坚持贤能治国传统，对于"贤"的认识在历史岁月中大浪淘沙，发展出人才培育、选拔、管理、使用领域丰富多元的政治智慧。

读懂任人唯贤

第一节 任人唯贤的内涵

一、任人唯贤的起源

成语"任人唯贤"最早出自《尚书·咸有一德》:"任官惟贤材,左右惟其人。"大意是任用德才兼备的人,而不管他跟自己的关系是否亲密。

《尚书》最早书名为《书》,是儒家经典"四书五经"中"五经"之一,又称《书经》,是一部由先秦诸子所著的关于古代事迹著作的汇编,相传由孔子编撰而成,后又由儒家补充部分篇目,按照收录文章的时间分为《虞书》《夏书》《商书》《周书》。西汉建元五年(公元前136年)汉武帝设五经博士,《尚书》作为五经成为重要儒家经典之一,此后成为历代儒家研习之基本书籍。"尚"即"上",《尚书》是我国最早的一部历史文献汇编。其中《咸有一德》篇为《商书》部分的内容,相传是商朝名师贤相伊尹对当时商朝的君主太甲就"一德之事"所说的话。

伊尹是商朝的开国元勋,协助商汤灭掉了夏王朝,开启了中国历史上第二个奴隶制王朝商王朝的统治,到太甲继位时,他已经是商朝的四朝元老了。太甲是商汤的嫡长孙,商朝的第四位君主,继

第一章
任人唯贤的历史根脉和思想渊源

位时年纪尚幼，于是伊尹辅政教导太甲努力做一名明君。起初，太甲的表现尚可，但从第三年起，他开始表现得暴虐昏庸、肆意妄为，还破坏了汤制定的法律制度，导致百姓怨声载道。于是伊尹放逐太甲到商汤的陵墓，让其改过自新。直到三年后，伊尹才将政权还给悔悟后的太甲，自己告老还乡。此时，伊尹写了《咸有一德》来告诫太甲，希望太甲能做一位明德的君主。

> 非天私我有商，惟天祐于一德；非商求于下民，惟民归于一德。德惟一，动罔不吉；德二三，动罔不凶。惟吉凶不僭在人，惟天降灾祥在德。今嗣王新服厥命，惟新厥德。终始惟一，时乃日新。任官惟贤材，左右惟其人。臣为上为德，为下为民。其难其慎，惟和惟一。
>
> ——《尚书·咸有一德》

在文中，伊尹用"任官惟贤材，左右惟其人"劝诫太甲，任命官吏当用贤才，任用左右大臣当用忠良。那什么样的臣子才能算得上贤能有德呢？伊尹继续说到，作为臣子，对上要辅佐自己的君王推行德政，对下要帮助自己的属下治理百姓，使百姓安居乐业。这样的人选择起来是非常艰难的，一定要谨慎考察，必须任用同心同德、和衷共济、协力合作的人。

任人唯贤的诞生与为政以德有着密切的关联。伊尹的政治思想强调德行是政治的基础、是执政者执政的依据，在《咸有一德》篇中，他还提出"一德"的概念，意在劝诫太甲抱有坚定的信念做一名明君，坚持用纯一之德修身养性。选贤任能是获得民众归顺拥护、稳固政权的重要途径。

文中论述夏桀作为君主不注重德行修养，商汤之所以能够取而代之，正是因为自身具备纯一之德，能够顺应天命，率领民众革除暴政。政权的取得并非来源于上天的偏爱，而是源于自身具有良好的品德。并非是君主乞求民众的支持就能获得民心，而是因为自身拥有良好的德行才能获得民众的真心拥护。君民之间相互依赖，君主只有虚心待人，众人才可能尽其力，帮助君主成就盖世功业。

除此之外，伊尹还论述了为政以德中的古代人本主义思想，劝诫君主应该重视依靠百姓，他说，如果没有百姓，君王就没人可以使用；如果没有君王，百姓就会迷惘，无处用力。不要自高自大而轻视百姓，如果普天下的匹夫匹妇都不能尽心竭力，那么人君又和谁一起去成就功业呢？

> 呜呼！七世之庙，可以观德。万夫之长，可以观政。后非民罔使；民非后罔事。无自广以狭人，匹夫匹妇，不获自尽，民主罔与成厥功。
>
> ——《尚书·咸有一德》

伊尹本人也受益于任人唯贤这一原则才能够成为一代名相。伊尹是奴隶出身，出生于夏朝末年，自幼被贩卖到有莘国，成为有莘国君奴隶，后作陪嫁男奴到了商国，被商汤任用为小臣。伊尹因其精通治国之道，后被商汤授以国政。商汤在伊尹的辅佐下，灭夏王朝,建立商朝。商朝建立初期,伊尹帮助商汤制定典章制度,在我国古代政治、军事、经济、文化、教育等领域做出卓越贡献。夏朝是中国历史上第一个奴隶制王朝,奴隶为夏朝的王室和贵族等奴隶主劳动而没有人身自由。商汤对伊尹的重用,打破对奴隶身份的限制,为后世唯才是用树立了典范。伊尹主持建造偃师商城,规范使用甲骨文,政治上主张"居上克明,为下克忠",强调"任官惟贤材,左右惟其人",经常用"明德则天下存,失德则天下亡"教育商王,这些都对商的创立及巩固起到重要作用。

二、"贤"的内涵

我国古代关于贤能治国的政治观点和政治主张贯穿历史长河却历久弥新,对于"贤"的评判标准在历史情景的不断发展中,也在一以贯之的内涵基础上被赋予了不同的时代特色,伴随着历史波涛的不断推进而演进丰富。

《尚书》中所倡导的任人唯贤,强调重视人才在治国理政中的基础作用,在这里"贤"的意思是"有德谓之贤"。"德"不仅是作为君主的美德和才能被加以歌颂和弘扬,为了能够实现君主的有效统治,贯彻任人唯贤也将"以德为本""德本才末"作为选人用人的根本标准。

既然要以德为先,那么,当以何德为先呢?在古代中国,首推孝德。《孝经》中说:"夫孝,德之本也。"孝德是一切德行的根本。践行孝道能培养人的感恩心、恭敬心、仁爱心和责任心,正所谓孝

读懂任人唯贤

心一开,百善皆开。将这种善推己及人,"事诸父,如事父。事诸兄,如事兄。""老吾老,以及人之老;幼吾幼,以及人之幼。"从处理好个人和家庭的伦理关系,扩展到社会和国家,便是"移孝作忠"。小孝是孝养自己的父母,大孝是孝养天下的父母,天下父母就是人民。因此,《后汉书》中有这样的说法:"求忠臣必于孝子之门。"对父母没有敬爱之心,却对他人爱敬,是悖德悖礼的行为。孝是道德大厦的基石,没有基石,所谓的才德只不过是空中楼阁。因此,中国自古便有"举孝廉"的选人机制。

基于"孝"的内涵,《礼记·祭义》指出,工作不尽责是不孝,为官不恭谨是不孝,作战不英勇是不孝。因此,一位孝子自然会忠义诚信,勇于担当。除孝敬、廉洁之外,品德高尚、正直,能犯颜直谏等,都是古代选贤的标准。

上古时期,也称"三皇五帝"时期,是周人理想中的大同社会。《礼记·礼运》中对其这样描述,"天下为公,选贤与能,讲信修睦,故人不独亲其亲,不独子其子"。"天下大同"是儒家思想中宣扬的理想社会方案,为中国古代的社会构建提供了基础框架和思想底色。在这样的"大同"社会构想中,提出"故用人之知去其诈,用人之勇去其怒,用人之仁去其贪",人才的推荐与选拔标准是品德、才识、胆略、业绩。

《周礼》是古代中国第一部系统、完整叙述国家机构设置、职能分工的专书,其内容不仅涉及古代官制、军制、田制、礼制等国家重要政治制度,还涉及古代法律、经济、文化、教育、科技等制度,为我国秦汉以来历代国家机构建制提供了全面的参照体系,可谓记

第一章
任人唯贤的历史根脉和思想渊源

载上古文明的百科全书,在中国古代思想文化史上影响深远。从《周礼》的记载来看,当时的选才标准包括德行、道艺两方面,或者说是贤、能两方面,即要求德才兼备。此处的"德",包括六德、六行,知、仁、圣、义、忠、和为六德,是修身养性的六条标准;孝、友、睦、姻、任、恤为六行,体现在行为的六个方面。修养有效、行为端正者便是有德之人,便具备被选拔做官的资格。在重视道德的同时,才能也是必须考虑的方面。古时所谓才能,其初级阶段就是礼、乐、射、御、书、数六艺,其中"礼"即"仪礼"。

战国时期,儒家学派代表人物荀子认为"王者之论:无德不贵,无能不官"(《荀子·王制》)"论德而定次,量能而授官"(《荀子·君道》),提出一套独特的政治选拔标准,主张选拔人才应该以德行和能力为基础,根据品德的高低而排定等级,衡量能力的大小授予官职。他认为,德行是衡量一个人是否适合担任政治职务的重要标准,德行是人才的基础,只有具备良好的品德,才能真正为国家和社会做出贡献。此外,荀子还强调人才应该具备一定的能力和才干。他认为,能力是政治工作的基础,只有具备一定的才能,才能胜任重要的政治职务。荀子认为,德行和才能是相辅相成的,只有二者兼备,才能成为真正的人才。

先秦诸子百家争鸣,不单儒家思想,墨家、法家等其他学派也主张选贤与能,对于任人唯贤也提出了各自的主张和见解。墨子认为崇尚贤能之人,是为政的根本,"夫尚贤者,政之本也""古者圣王之为政,列德而尚贤"(《墨子·尚贤》),并进一步提出"举义不避贫贱""举义不避亲疏""举义不避远近"的用人原则;韩非子认为"官职者,能士之鼎俎也"(《韩非子·六反》)"以其能,为可以明法,便国利民"(《韩非子·说疑》)。可以说,崇德尚贤举能不但是儒家思想的核心精神,更是中华文明的融通传承;中国传统文化的一大特点就是推崇"德治",力图通过强调治理者的品德和才能,来实现良政和善治。

三、任人唯贤的意义

白居易在《策林·辨兴亡之由》中曾讲:"邦之兴,由得人也;邦之亡,由失人也。得其人,失其人,非一朝一夕之故,其所由来者渐矣。"大意为,国家兴盛,在于拥有人才;国家灭亡,则是因为丧失人才。得人也好,失人也好,都不是一朝一夕所致,而是长期发展变化的结果。

治国理政的关键在于用好人才。当政的关键,唯在用人得当,若所用的人不能充分发挥他的才能、长处,就很难有好的治理效果。

古代中国政治发展已经对选拔人才的关键性有了十分充足的把握,选拔合适的人才对于治国理政来说至关重要,不仅体现在君王的成败功绩,更关乎天下的安危、百姓的生计、政治的清明。

战国时期"楚国之宝"的故事,正是在循循善诱中讲述了人才是国家的珍宝的道理。

> 秦欲伐楚,使使者往观楚之宝器。楚王闻之,召令尹子西而问焉,曰:"秦欲观楚之宝器,吾和氏之璧、随侯之珠,可以

第一章
任人唯贤的历史根脉和思想渊源

示诸?"令尹子西对曰:"不知也。"召昭奚恤而问焉,昭奚恤曰:"此欲观吾国得失而图之。宝器在贤臣,珠玉玩好之物,非宝之重者也。"王遂使昭奚恤应之。昭奚恤为东面之坛一,为南面之坛四,为西面之坛一。秦使者至,昭奚恤曰:"君客也,请就上位东面,令尹子西南面,太宗子敖次之,叶公子高次之,司马子反次之。"昭奚恤自居西面之坛,称曰:"客欲观楚之宝器,楚国之宝者,贤臣也。理百姓,实仓廪,使民各得其所,令尹子西在此;奉珪璧使诸侯,解忿悁之难,交两国之欢,使无兵革之忧,太宗子敖在此;守封疆,谨境界,不侵邻国,邻国亦不见侵,叶公子高在此;理师旅,整兵戎,以当强敌,提枹鼓以动百万之众,所使皆趣汤火、蹈白刃,出万死不顾一生,司马子反在此;怀霸王之余议,摄(摄原作撮)治乱之遗风,昭奚恤在此。唯大国之所观。"秦使者矍然无以对。使者反,言于秦君曰:"楚多贤臣,未可谋也。"遂不伐楚。

——《群书治要·新序》

秦国想攻打楚国,派使臣去察看楚国的国宝。楚王听到这个消息,就询问令尹子西来询问,可不可以把和氏璧与随侯之珠拿给秦人看。令尹子西称不知道。楚王又召见昭奚恤来询问,昭奚恤回答说,秦是想观察我国政治的利弊而图谋侵犯,国宝在于贤臣,像珠玉之类的赏玩之物,不是值得珍视的国宝。于是楚王就派昭奚恤应付这件事。昭奚恤在东面建了一座土台,在南面建了四座土台,在西面建了一座土台。秦国使者到来,昭奚恤说,先生是客人,请您

读懂任人唯贤

坐在面朝东的上位。令尹子西面向南而坐，太宗子敖、叶公子高、司马子反依次就座，昭奚恤自己坐在面西的土台上。昭奚恤说，客人想看看楚国的国宝，而楚国所珍视的是贤能的臣子，若论及治理百姓，充实府库，使百姓各得其所，令尹子西就在这里；若论及捧着玉硅玉璧，出使各诸侯国，消解彼此的愤怒和怨仇，结交两国的友谊，使国家没有战争的忧患，太宗子敖就在这里；若论及保卫国土，严守疆界，不侵犯邻国，也不被邻国侵犯，叶公子高就在这里；若论及管理军队，整治军备，来抵抗强大的敌人，亲自擂战鼓来激励百万大军，他的部下都能赴汤蹈火，面对刀剑，万死不辞，司马子反就在这里；心怀曾为霸主的先王留下的治国主张，整顿治世乱世的遗风，我昭奚恤也在这里，请大国的使者随意看吧！秦国的使者吃惊地看着，答不出话来。秦国的使者回国后对秦王说，楚国有很多贤臣，不能打楚国的主意。于是就没有攻打楚国。

得贤则兴，失贤则亡。春秋战国是一个人才辈出的时代，也是一个彼弱我强、彼衰我盛的时代。探究起来，在不同诸侯国的兴衰中，有一个根本的内在规律，那就是人才兴则国运兴，人才衰则国运衰。

战国初期，魏国凭借人才资源优势，成就一家独霸。然而，百年后接连败于齐秦楚三国，导致一蹶不振。一个重要的原因，就是国内人才出现大规模流失。

魏文侯时期，十分重视人才。他坚持择天下英才而用之，起用乐羊为大将攻打中山国，任用西门豹治理边防重镇邺城，放手让李悝变法图强。在魏文侯看来，"仁人也者，国之宝也；智士也者，国之器也；博通士也者，国之尊也。"正因看重人才、重用人才，魏国

第一章
任人唯贤的历史根脉和思想渊源

一跃成为战国初期最强大的诸侯国。

然而,后来的魏惠王却没有继承先辈以人才为国宝的传统,开始视珍品为国宝。一次,魏惠王向齐威王炫耀,魏国有十颗大珍珠,每颗直径都在一寸以上,光芒可以照亮前后左右十二辆车子。相反,齐威王则视四大"重臣"为国宝,"此四臣者,将照千里,岂特十二乘哉。"对待人才的境界高下立判。

一旦不重视人才,人才的流失就成为必然。吴起、孙膑、商鞅、范雎等,这些赫赫有名的大才无一例外被迫出走。这些人之前都曾为魏国所有,最后却被他国所用。魏国人才的流失,意味着其他诸侯国人才的增加。人才的一增一减之间,是国力对比的消长。魏国拱手让出的,不仅是人才,更是国运。

在战争中,重视人才关乎国家生死存亡。对于百姓来说,贤明的君主和大臣影响着个人的生计。

《尚书·周书·梓材》是周公以周成王的名义教育周武王同母少弟康叔的诰词。

王曰:"封!以厥庶民暨厥臣,达大家;以厥臣达王,惟邦君。汝若恒,越曰:'我有师师:司徒、司马、司空、尹旅。'曰:'予罔厉杀人。'亦厥君先敬劳,肆徂厥敬劳。肆往奸宄杀人历人宥,肆亦见厥君事戕败人宥。"王启监,厥乱为民,曰:"无胥戕,无胥虐,至于敬寡,至于属妇,合由以容。"王其效邦君越御事:"厥命曷以引养引恬,自古王若兹监,罔攸辟。"惟曰:"若稽田,既勤敷菑,惟其陈修,为厥疆畎;若作室家,既勤垣墉，惟其涂墍茨；若作梓材，既勤朴斫，惟其涂丹雘。"今王惟曰："先王既勤用明德，怀为夹，庶邦享作，兄弟方来，亦既用明德。后式典集，庶邦丕享。皇天既付中国民越厥疆土于先王，肆王惟德用，和怿先后迷民，用怿先王受命。已，若兹监！"惟曰："欲至于万年，惟王子子孙孙永保民。"

——《尚书·周书·梓材》

围绕如何才能使国家达到长治久安（"引养引恬"），周公提出四项治国大政方针。

第一，关心、尊重下属官员。殷商本来就以大国自居，其贵族从来就看不起"小邦周"等诸侯国，纣王统治被推翻以后，他们一直不甘心失败，指望有朝一日能够恢复他们失去的特权。武庚叛乱的被镇压更加深了他们对周人的仇恨，因此康叔面临的是非常复杂的环境，治理殷商故地是一项十分艰巨的任务。对于康叔来说，首先必须要有一支能够依靠的力量，这样才能在那块地方站住脚。所以周公强调应当尽力团结属官，在到达卫之后，应首先对他们表示尊敬和慰劳（"肆徂厥敬劳"），这样，才能够得到属官的支持和拥护，实施对于殷商故地的统治。

第二，不要滥杀无辜，要宽恕有罪之人，以安抚人心。康叔的驻地原先是商的国都，有很多人长期与周为敌，甚至参与了武庚的叛周，即所谓"奸宄杀人历人""见厥君事戕败人"。周公认为要缓和矛盾，安定社会秩序，所以提出"予罔厉杀人"，要求康叔对这些人予以宽宥，对于那些杀过人，或刺探情报、残害他人身体的人，

第一章
任人唯贤的历史根脉和思想渊源

只要他们不再作恶,就要加以宽容。应当说周公的这一意见是非常正确的。它对于周初政权的稳定起了十分积极的作用。

第三,关心、爱护百姓,这是周公民本思想的体现,也是周朝先辈所开创的优良传统。在周公看来,人民是一国之根本,百姓的拥护是政权稳定的基本保证。所以他要求康叔让下面的官员不要残害、虐待人民,要尊重治内的鳏寡孤独,对地位低下的妇人也要给予关爱,他们犯了罪,要加以原谅;还要设法养活百姓,使他们能够安心地生活,不至于起来犯上作乱。

第四,努力实行德政,这是周公倡导的治国的主要手段,在诰词中周公一再强调德政的重要性,指出周朝先前的国王都辛勤地推行以德治国的方针,一些贤臣也积极主动地协助国君将美德运用于政务之中;许多诸侯国来朝贡,表示臣服,就是因为周王实行德政的缘故;同样,只有实行德政,殷商顽民才会心悦诚服地服从周朝君主的统治。《梓材》丰富和加强了古代的德治思想,它同《尚书》中的其他篇章一起构成了儒家德政理念的主要来源。

题目"梓材"两字原意良材,题目本身就是一个寓有深意的比喻,它使人认识到治国不能随心所欲,而是要像木匠加工上等木材那样,要有宝贵的经验和技艺,要勤奋努力,锲而不舍。治国要深思熟虑,精心谋划,要实施正确的政策,运用高明的政治艺术,如此方能达到国安民康的目的。诰词把治国比为种庄稼,要考虑开垦、整治土地,开挖沟渠,播下种子。又把治国比作建造房屋,砌好了高墙矮墙以后,就要考虑以茅草盖好屋顶,还要堵塞屋顶上的漏洞。所有这些比喻说明治国理政不能掉以轻心,而要不辞劳苦,深谋远虑，笃行不倦；既要有远大的目标、根本的措施，又要能妥善地采取即时的应对措施，这样国家才能够达到长治久安的目的。

《孔子家语》中记载，鲁哀公曾经问政于孔子，孔子说，"文武之政，布在方策；其人存，则其政举；其人亡，则其政息……故为政在于得人"。在孔子看来，尽管文王、武王的施政纲领记录在典籍之中，能否达到文王、武王的治国功绩，关键在于是否有贤德之人施行善政。魏晋时期政论家傅玄所作的《傅子》一书对此做了进一步的阐发："明君必顺善制而后致治，非善制之能独治也，必须良佐有以行之也。"大意是，圣明的君主必须通过良好的政治制度才能实现天下太平，然而并非凭借良好的制度就一定能实现大治，还必须要有贤良的辅弼之人贯彻落实。

无数历史经验告诉我们，人才是政治生活中的最大变量。如果在国家治理中任用贤能，即使法令制度不完备也能因为尽人事而达到事半功倍的效果；但如果不能选贤任能，制度再完备也很难达到好的治理成果。因此，御马有良方，治国有常道，国家的治乱安危关键在用人。

第一章
任人唯贤的历史根脉和思想渊源

第二节　中国古代人才选拔制度的变迁

任人唯贤的政治设想和理论概念，通过人才选拔制度落实到政治实践中。在中国古代，有多种人才选拔制度，对后世影响最深远的选人用人制度是科举制。科举制德才皆考，除了行政能力的考核，还要考察德行。比如，唐朝的科举，要考察是否具备仁德的思想，是否具备贤良、忠诚、谨慎这样一些官德。

一、禅让制

禅让制是中国原始社会部落联盟民主推选首领的制度，指在位君主生前便将统治权让给他人。中国上古时期的禅让制度，实际上是以传贤为宗旨的民主选举首领制度。

关于禅让制，较有名的是"尧舜禹相传"。相传，尧代帝挚为天子，定都平阳。民众称赞尧的仁德像天那样浩大无边，智慧像神那样渊深莫测。在尧的英明领导下，各部族已经亲密无间，百官政绩卓著，万国无不融洽和睦。

所有这些，和帝尧治国理念密不可分，那就是选贤任能。在选择接班人时，帝尧问大臣们：哪一位能理顺国家大事，接替我的职位？大臣放齐说，太子丹朱聪明通达。帝尧说，我这个儿子不讲道德，又好争讼，不能用！另一位大臣讙兜说，共工广泛地聚集民众，做了不少事情，可以任用。帝尧又说，共工会说漂亮话，实际行动却违背正道，对神明貌似恭敬，实际上却极为轻慢，不可重用。帝尧接着说，只要是真正贤能的人，无论是达官贵人，至亲挚友，还是被疏远隐居的人，全都要向我举荐。大臣们异口同声地对帝尧说，在百姓中有位尚未娶妻的人，名叫虞舜。尧帝说，我听说过这个人，他究竟怎样？大臣们说，他是个盲人的儿子，父亲心地险恶，继母愚悍奸诈，弟弟骄纵不法，都想杀死舜。而舜却能用孝行与他们和睦相亲，使他们的心向善免于邪恶。帝尧说，那么我还是试试看吧！于是对虞舜进行了全方位的考察。舜入于大麓，烈风雷雨不违，尧乃知舜之足以授天下。舜得举用事二十年，而尧使舜摄行天子政。

尧死后，便由舜继任为天子。舜继位后，也用同样的方式选拔接班人。经过治水考验，各方意见认同大禹的表现，于是帝舜荐禹于天，确定禹做自己的继承人。禹在舜死后便成为天子。

通过禅让制，这一时期建立起有效的政权更迭制度，把部落首领之位让给有才华有能力的人，让贤能的人统治国家。

禅让制的优点是，相比世袭制较为民主，所推举之人看重的是贤能而非血缘。缺点是政治体制分散，无法形成固定的政治系统，不利于管理大的国家。虽然禅让制与民主制的表现相似，都是以选举为过程推举首领，但不同点在于有无相应的权力制衡。因此，禅让制度是理想主义现实化的产物，在经济发展、文化传播都很低下的时代才得以存在。伴随着部落向国家的政治形态转变，国家治理的复杂性大大提升，禅让制走向了自身制度的终结。禹死后，他的儿子启继承父位，成为夏朝的第二任天子。从此，世袭制代替了禅让制，"公天下"变成了"家天下"。

二、选士养士制

先秦时期，人才选拔的制度逐步发展，形成了选士、养士制，历经两汉时期的察举制和魏晋南北朝时的九品中正制，定型为隋唐及后期的科举制。

西周时期，官吏主要通过"世卿世禄"制度产生，在这种制度下，即使有某种举荐选拔，也基本上不超出宗法家族的范围，通过举荐选拔超越世袭血缘关系而登上高位的只能是极其偶然的例外。

根据史书的记载，西周的开国元勋、周武王的胞弟、周成王的叔父周公旦，其长子封在鲁国，"次子留相王室，代为周公"（《史记·鲁周公世家·索隐》）；同样有卓著功勋的召公，其长子封在燕国，"而次子留周室，代为召公"（《史记·燕召公世家·索隐》）。

西周宣王时，又有召公、周公二相行政，他们显然都是周公旦、召公的后代，这些事例证明西周时代早已有"世卿制度的存在"。

到了春秋战国时期，周天子势微，诸侯势力逐渐强大，是礼崩乐坏之始，世卿世禄制被严重破坏。各诸侯国为了争霸，求贤纳士成为提高国家实力的重要手段。如春秋时期五霸之首齐桓公便任用管仲，实行三贤之法，国中"慈孝""聪慧""拳勇"出众者，由乡长推荐试用，称职的委任为吏，任用称职的又可以晋升，直至升为上卿助理。此举在一定程度上突破了世卿世禄制,扩大了人才来源,后来各国变法图强,也纷纷效仿。

战国时期,各诸侯国养士之风盛行,出现了特有的官职——客卿,即以待自诸侯来者,其位为卿,而以客礼待之。统治者不再如昔日世卿世禄制一样只提拔贵族子弟,而是不管出身贵贱,依照能力来安排官职。许多人便或自荐或被他人推举,步入仕途。比如,我们很熟悉的荆轲,他便是被好友田光推举给太子丹的。《史记》记载,田光急见荆轲,言举荐之事,荆轲应之。此外又有赵武荐"白屋"(非世卿之家)之士60家,赵女子所举于晋国管库之士70余家,公叔文子荐有臣大夫撰于公朝,等等,就是大规模实行荐举的明证。而"内举不避亲,外举不避仇"口号的提出,也说明了荐举之风之盛和荐举范围之广。

导致世卿世禄制废除的,是秦国商鞅变法时推行的军功授爵。据《史记》记载,秦国规定"宗室非有军功论,不得为属籍。明尊卑爵秩等级,各以差次名田宅,臣妾衣服以家次。有功者显荣,无功者虽富无所芬华"。即依军功大小定贵族身份之高低。商鞅变法沉重打击了奴隶主旧贵族的利益,因而招致了他们的怨恨。《史记》记载:"商君相秦十年,宗室贵戚多怨望者。"历史上任何一次变法,不仅是一种治国方略的重新选择,而且是一种利益关系的重新调整,这也是改革受阻的真正原因。荐举制与军功制标志着战国时期选贤制度的完善,世卿制度逐渐退出历史舞台。

第一章
任人唯贤的历史根脉和思想渊源

三、从军功制到荐举制

秦国自战国时商鞅变法，便将军功授爵与养士合二为一，形成客卿以军功升擢的定例，底层百姓也可以通过参军获取军功来提升自己的地位，入仕靠军功或荐举，升迁则是看政绩。秦国也因商鞅变法而逐渐成为当时最强大的国家。随着秦朝统一，实行了郡县制。原来建立在井田制和分封制基础上，依据宗法和血缘关系进行选拔任用的制度进一步弱化，逐步被新的选贤任能制度所取代。

秦王嬴政灭六国统一天下后，以吕不韦为相，初期多采用官吏世袭制，少数情况是统治阶级荐举提拔人才；军队系统则是延续军功累计的方法。然而秦统一全国后虽然有军功制来作为平民快速建功立业的途径，但已经没有大型战争让平民升官晋爵，军功制便逐渐名不副实了。

到了李斯为相时期，秦朝官吏世袭制几乎被废，荐举制成为选拔官吏的重要途径，秦朝官吏的选任要经过保举、任命等环节才能真正履职，任官者不仅必须有保举人，而且被保举者还有身份要求，秦律规定了哪些人不能被保举；此外保举与被保举者之间相互关联，保举有罪者也会受到惩处。

总体来说，秦统一后，军功制逐渐失效，取而代之的则是荐举制，而养士一途的门客、客卿也还在沿用，比如，李斯便是丞相吕不韦的门客，后吕相举荐李斯为郎，李斯一步一步累积政绩升迁。

四、察举征辟制

两汉时期的选官制度主要是察举征辟制。察举是自下而上推选人才,而征辟则是自上而下征召,由皇帝征聘社会知名人士到朝廷充任要职称为征,由公卿或州郡征调称为辟。

西汉开国皇帝汉高祖刘邦首下求贤诏,要求郡国推荐具有治国才能的贤士大夫,以此开"察举制"的先河。但此时的郡国推荐,仍然更类似于战国时期的荐举制,但由于国家统一,君王或者地方官员可以直接征召贤士入朝为官。

> 汉高祖初,未遑立制。至十一年,乃下诏曰:"贤士大夫既与我定有天下,而不与我共安利之,可乎?有肯从我游者,吾能尊荣之。以布告天下。其有称明德者,御史、中执法、郡守必身劝勉,遣诣丞相府,置其行、义及年。有其人而不言者,免官。"

——《通典·选举一》

大意是,天下的有识之士,既然我安定了天下,那你们自然就要出山与我一同治理好这天下,使天下子民得利,这样的人才我一定会尊重且大用;其次便是规定对于人才的任用标准为明德;最后便是给现任官员以压力,发现了这样的人才如果不上报给朝廷,就会遭到免官。

到了其子惠帝在位与太后吕雉执政时期,下诏举"孝弟力田",

第一章
任人唯贤的历史根脉和思想渊源

即奖励有孝弟（孝悌）的德行和能努力耕作的人为官，察举制开始有了具象的指标。

到了汉文帝时期，下诏要求"举贤良方正能直言极谏者，以匡朕之不逮。"即推举贤良方正并且能对政治得失直言进谏的人为官。此时的选官方式，除了人品德行，还会要求其人能对国家政治主张发表自己的观点，能对君王直言进谏。

然而，在此时期，汉文帝始行黄老之术，以挣钱、攒钱为务，既无尊儒之后的诸多道德羁绊，亦有尽量充实国库的强烈冲动。因此，后世诟病的"有钱就当官"，于时国策毫无挂碍，甚至有理论依据，即"时疾吏之贪，以为衣食足，知荣辱，故限赀十万乃得为吏"。

景帝时期，诏曰："有市籍赀多不得官，唯廉士寡欲易足。今赀算十以上乃得官，赀少则不得官，朕甚愍之。减至四算得官。"景帝认为廉者一寡欲二无钱，所以降低身价要求的标准以使廉者可入仕。此后，选官在明德的标准上再次多出一个具象指标——廉。

汉武帝时期，察举制才真正开始成熟。汉武帝即位初，诏丞相、御史、诸侯举贤良方正能直言极谏之士，先秦诸子百家都有代表被推举参加策问，董仲舒作为儒家代表参加策问，与武帝之间有"天人三问"，天子善其对，以仲舒为江都相。而后丞相卫绾奏："所举贤良，或治申、商、韩非、苏秦、张仪之言，乱国政者，请皆罢。"汉武帝奏可。此次举贤并非简单的选士，而是确立意识形态的重大问题，丞相卫绾所上奏罢黜的都是法家、纵横家等学派，为后来董仲舒提出的"独尊儒术"奠定了政治基础，独尊儒术后的举贤良才

读懂任人唯贤

是察举制真正的开端。

此后,汉武帝诏令再举贤良之士。董仲舒提出,可向国家高级官员下令举贤良之士的任务(此为举),并根据所举之人举止来定推举者的奖惩,以此迫使官员推举时审查被推举者的能力(此为察)。

汉武帝于是命郡国举孝、廉各一人,同时明确了按地方人口分配各郡国察举的份额,并详细规定了其比率;又以四科作为"察"的内容,并准确规定了评判标准,这也就是我们所说的四科取士,至此察举制初步确立。

孝廉是承袭汉高祖与汉文帝、汉景帝时代定下的选官基调,一为"孝",即"谓善事父母";一为"廉",即"谓清洁廉隅"。这也是察举制的核心。

四科即:一曰德行高妙,志节清白;二曰学通行修,经中博士;三曰明习法令,足以决疑,能按章覆问,文中御史;四曰刚毅多略,遭事不惑,明足决断,材任三辅县令。

然而举孝廉初期实施并不顺畅,于是汉武帝再下诏,要治罪于不推举贤士的官员,给郡国守相以极大的压力,终于推动了察举制的迅速落实,在中央形成了对全国人才的虹吸作用,以至于首都处于"待诏"状态的储备官员长期达千人左右。地方贡来之士,多拜为郎。"郎"在两汉并不属于中央官员,而属于皇帝私员,从事文学、秘书、军事等各方面服务工作。

此后便出现了我们所熟悉的秀才一词,当地方主官被新诏书逼着迅速做出成绩时,最易"下手"的就是身边那些自己十分熟悉并已经过实践检验的能干部属,当这一大批人被举入中央,里面很多

第一章
任人唯贤的历史根脉和思想渊源

思想力和行政力优秀者便有了一个新称谓"秀才"(东汉时为避光武帝刘秀讳,改称茂才),快速在制度中有了正式地位。

孝与廉是被框在高祖刘邦定下的那个"明德"筐子里的理论性概念,由于各地官员推举秀才入中央,察举制很快就不再只是孝、廉,朝廷根据形势和需要,不断地要求地方推举各种指向性明显的贤士,历经两汉数百年。

皇帝确立察举的科目,按照举期,分常科与特科两大类。

常科也就是每年都会定期举行的科目,主要有孝廉、秀才(东汉时才为常科)、察廉(廉吏)、光禄四行四类。

孝廉即孝子廉吏,多是通儒学的高官及富豪子弟,被认为是"正途""清流",很被看重;秀才多为现任官吏,为当地主官麾下优秀部属;廉吏与孝廉有所不同,廉吏者被举后按原职升补,属地方向上级报请迁补属吏优异者之科目,而孝廉者皆入朝为郎官,属郡国向中央"贡士"之科目,且"廉吏"限于"斗食"(不满百石)至"六百石"之吏员,而"孝廉"则开放予所有吏民;光禄四行即质朴、敦厚、逊让、有行(节俭)。

而特科是由皇帝根据需要临时下诏决定开考并亲自主持的特种考试,以应特殊需要,分常见特科与一般特科。

常见特科普遍是"贤良方正"与"贤良文学",贤良方正即德行兼备且公正无私,敢于直言进谏;贤良文学则是德行兼备且有良好的经学底蕴。

一般特科则是性质较为特殊的科目,例如,明经、明法、有道、敦厚、尤异、治剧、勇猛知兵法、明阴阳灾异等。

读懂任人唯贤

历史上的任何制度，都会遵循客观历史规律。察举制在东汉开始发生异化，至东汉晚期与世家政治互为表里，在九品中正制的实行后，终于催生出门阀政治。

察举制的异化几乎是不可避免的，究其根它建立在一种纯主观的判断模式之上。比如，汉武帝的"四科选士"，虽然有了甄选判断的标准，但标准都是主观性的，无法客观量化评判，最终结论来自评判人的主观判断。

任何一个制度，当它最终的裁决权也就是资源分配权取决于个人的主观性时，就必然产生非公平性。早期郡国守相们多以举自己身边的能吏为主，待日久后总要举行政区域内的其他人，那么就很大可能是不熟之人，这些人到了京都接受审核时，审查人要在短时间内判断此人是否良才，便只能通过外表形象、外在名声、面聊谈吐等方面了，在这种情况下，也就自然发展出异化的弊病，形成了"形名"之法。

东汉察举制在西汉基础上确定为"地方察举，公府征辟"，若想为官需过两关，一是在地方上推荐出来，二是在首都一个小型评审团时能认定下来，而这两关都操于"名士"之手。

"名士"的产生土壤是东汉的世家政治。光武帝刘秀建立东汉，很大程度上来自于刘氏宗亲集团和南阳功臣集团的拥护，于是刘秀在统一天下后，"封功臣皆为列侯，大国四县，余各有差"，功臣世家集团形成。与此同时，刘秀还封了百余破落的西汉汉室宗亲，把"诸刘"集团的主干收进了政权内，东汉的宗室世家集团也同时成型。

两大世家集团形成，东汉政治格局也就随之定型，即世家政治。

第一章
任人唯贤的历史根脉和思想渊源

世家为了固化和深化自己家族的政治特权,必然会"结党"与"市恩",其在结党中形成了"名士"集团,又在市恩中异化了察举,二者交织,终成门阀。

东汉一朝,名器尽在世家之手,士而能有"名"者必出世宦名门;而欲有"名"者,必于世家圈中周旋相结方有人言可持,于是名士形成世家阶层里更为特殊的圈层,为固化利益,向内紧密、向外封闭。

名士大多出身政治大族,加以"德贤"出名,所以在以道德主观评定为主的察举制下,多可出任征辟的评委。他们自然要选择与己相类之人,久之察举一途便成名士圈内部兜转的游戏:名士说好,此人就好,此人就可大用。所谓名士说好,则首要在于此人为己辈中人。

东汉第三帝汉章帝便有诏曰:夫乡举里选,必累功劳。今刺史、守相不明真伪,茂才、孝廉岁以百数,既非能显,而当授之政事,甚无谓也。每寻前世举人贡士,或起畎亩,不系阀阅。汉章帝此诏怀念前代察举的贤士可以出于畎亩之间,不问出身,可见东汉几乎陷入了世家结党、只认出身的泥沼。

所谓"形名"之法,是实掌察举生杀权的名士们,自己总结出的一套"相法",也就是"品鉴人物"之法,观人之外貌特别是眉目眼神便可为此人下定论,实质性地让名士集团左右了察举制度最源头的运行。

所谓"市恩",也就是市"门生故吏"之私恩,将入仕资格给予门生故吏,因之入其门者,再自觉继续引类,于是根须日深,门阀乃成。

东汉末年，黄巾之乱，操控本地察举日久的门阀州牧、太守们，轻松变身，割汉地而据之，驱汉鹿而逐之，天下遂大乱，涂炭数十年。

五、九品中正制

三国曹魏时期，形成了九品中正制这种选官制度：按照九品也就是人的出身、品德、才能，由中正这一类官吏来选拔人才。此制至西晋渐趋完备，南北朝时又有所变化。从曹魏始至隋唐科举的确立，九品中正制存在了三百多年。九品中正制上承两汉察举制，下启隋唐之科举，在中国古代政治制度史上占有十分重要的地位，乃中国封建社会三大选官制度之一，实际是两汉察举制度的一种延续和发展，或者说是察举制的另一种表现形式。

九品中正制大体是指由各州郡分别推选大中正一人，所推举大中正必为在中央任职官员且德名俱高者。大中正再产生小中正。中正就是品评人才的官职名称。大、小中正产生后，由中央分发一种人才调查表，在该表中将人才分为九等，上上、上中、上下、中上、中中、中下、下上、下中、下下。此表由各地大小中正以自己所知将各地知名人士无论是否出仕皆登记其上，表内详记年籍各项，分别品第，并加评语。小中正襄助大中正审核后将表呈交吏部，吏部依此进行官吏的升迁与罢黜。此项制度使得当时的官吏选拔有了一套客观标准，此标准其实依然是采取地方群众舆论和公共意见，保留了汉代乡举里选的遗意。九品中正制的实行一方面解决

第一章
任人唯贤的历史根脉和思想渊源

了选拔官吏无标准的问题，使得一时间吏治澄清。另一方面缓解了中央政府与世家大族的紧张关系，为促成魏晋实现全国的统一打下了坚实的基础。

三国时期，各国都在紧张的竞争之中，不管是治理国家还是开疆扩土都急需人才，而后来魏国政权被窃取，继司马家族崛起后，很多大家族也纷纷崛起，选拔官吏不再以九品为标准，反而更多地依靠中正的主观判断，最后形成了"上品无寒门，下品无士族"的情况，完全违背了当初选拔官员的初心。

六、科举制

不管是察举征辟制还是九品中正制，都是依靠举荐来选拔官员，都带有一定的主观因素在。隋朝建立后，废除九品中正制，开始采用分科而举人的方式选拔官员。隋朝时期隋炀帝时期开设进士科，用考试来选取进士，"自隋罢外选，招天下之人，聚于京师春还秋住，乌聚云合"。科举制度由此产生，选拔官员的方式发生了重大变化，从之前依靠举荐向依靠才学进行转变。

唐朝沿用隋制，武则天时期更是创立了殿试和武举。殿试的产生排除了一些通过钱财来考进士的人，是完善科举制的一项重大措施。但受贵族政治影响，唐朝运用科举考试选拔的人才并不多。而宋代重文轻武，科举考试大受欢迎。

为了更好地加强中央集权，明清时期采取的是八股取士的考试方式。考试分为四个级别，最低的一级叫院试，考中为秀才，然后是乡试，考中就成了举人，《儒林外史》里范进就是乡试中了举人才发了疯。再上面一级是会试，考中的叫贡士，最后一级考试就是殿试，殿试又叫廷试。凡殿试通过的，都是进士。

科举考试广纳人才这点是毋庸置疑的，既帮助拓展了官员队伍，又促进了社会的稳定发展，但同时科举考试的弊端也日渐明显。比如，在唐玄宗时期，考试主要侧重诗词歌赋，但一个人诗歌写得好却不一定代表这个人品德好或者有治国的本领，所以片面追求诗歌写作不利于选拔人才。到了明清之后，八股取士更是禁锢了众多学子的思想，不利于开眼看世界。最后，科举制度在清朝末期取消了。

第一章
任人唯贤的历史根脉和思想渊源

第三节　中国古代以任人唯贤为核心的用人智慧

任人唯贤的用人标准既是中华优秀传统文化的重要组成部分，也是中国特色社会主义制度和国家治理体系的重要内容。2500多年前，孔子就对任人唯贤思想有过系统论述。他将"举贤才"列为为政要求之一，"君子尊贤而容众，嘉善而矜不能""举善而教不能，则劝"。孔子还用"人道敏政，地道敏树"的比喻，说明有了贤能的人就能迅速推行政策，就像有了肥沃的土地树木就会迅速生长一样。古人的人才观给我们提供了不少富有中国智慧、可资借鉴的启示。

一、功以才成，业由才广

（董）恢曰："……今方扫除强寇，混一区夏，功以才成，业由才广。若舍此不任，防其后患，是犹备有风波而逆废舟楫，非长计也。"权大笑乐。

——《三国志·蜀书·董允传》裴松之注引《襄阳记》

"功以才成，业由才广"这句话的出处，是东晋著名历史学家、

读懂任人唯贤

文学家习凿齿《襄阳耆旧记》中关于董恢的记载，刘宋史学家裴松之在给《三国志·蜀书·董允传》作注时曾经转引。这句话的大意是功业因有人才方能建立，事业因有人才方能发展。

蜀汉建兴三年（225年），诸葛亮南征四郡回来以后，任命费祎为昭信校尉出使吴国，董恢以宣信中郎的职务陪同出使。在一次宴会上，孙权喝醉了，就问费祎说，魏延、杨仪两个人，虽然也对国家有一些小功劳，但都是没什么胸襟气量的小人，且一向不和。如今他们都手握重权，现在诸葛亮在还好，如果有一天诸葛亮死了，他们一定会给蜀汉造成麻烦。你们做大臣的如此糊涂，不提前谋划这件事，难道是想把麻烦留给子孙吗？面对孙权的突然发问，费祎愕然四顾，不知道该怎么回答才好。董恢在一旁悄悄对费祎说，您可以这样回答孙权：杨仪、魏延两个人关系不好是因私人恩怨，但两人并无叛逆之心，"功以才成，业由才广"，功勋是因为人才才建立起来的，基业是由于人才才宏大起来的，如今正是用人之际，为了防备莫须有之事，就舍弃两人不用，这就像是为了防备风浪就把船凿沉一样，不是很荒谬吗？孙权听了，认为很有道理。

董恢的这一番话，不仅在当时那个外交场合替蜀汉挽回了尊严；更重要的是说出了古往今来的一个道理，那就是人才对于成就一番事业的极端重要性。

二、求贤若渴

三国时期，曹操统一北方，留下了历史的辉煌篇章。曹操之所

第一章
任人唯贤的历史根脉和思想渊源

以能够取得如此辉煌的成就,其中一个重要原因就是他非常看重人才。在他的麾下,有荀彧、郭嘉等一流谋士,还有张辽、张郃等绝世名将。"山不厌高,海不厌深,周公吐哺,天下归心。"曹操《短歌行》充分表达了他为实现统一天下的理想抱负而延揽天下人杰的想法。

《三国志》记载了一次曹操与袁绍的对话。

> 初,绍与公共起兵,绍问公曰:"若事不辑,则方面何所可据?"公曰:"足下意以为何如?"绍曰:"吾南据河,北阻燕、代,兼戎狄之众,南向以争天下,庶可以济乎?"公曰:"吾任天下之智力,以道御之,无所不可。"

曹操的意思是只要广纳天下的人才和英雄,以正义之道驾驭他们,就能无往不胜。由此可见他早已认识到人才是决定事业成败的关键。

当初,曹操与袁绍一同起兵时,袁绍曾问曹操,如果起兵之事不成,什么地方可以容身?曹操说,您觉得呢?袁绍答,我向南守住黄河,向北占据燕、代,联络狄人的强兵,向南夺取天下,或许可以成功吧?曹操则说,我只要凭借天下有才之士,用好的方法驾驭他们,就没有什么做不成的。答问之间,二人的胜负成败显然已经分出了高低。

"跣足出迎"的故事讲的是曹操正准备脱衣睡觉,听说袁绍手下谋士许攸来投奔,顾不上穿鞋就跑出门去迎接。"遥见许攸,抚掌欢笑，携手共入，操先拜于地。"

建安十五年春，曹操发布的《求贤令》，命令部下推举人才可以不拘品行。

> 自古受命及中兴之君，曷尝不得贤人君子与之共治天下者乎？及其得贤也，曾不出闾巷，岂幸相遇哉？上之人求取之耳。今天下尚未定，此特求贤之急时也。
>
> "孟公绰为赵、魏老则优，不可以为滕、薛大夫。"若必廉士而后可用，则齐桓其何以霸世！今天下得无有被褐怀玉而钓于渭滨者乎？又得无盗嫂受金而未遇无知者乎？
>
> 二三子其佐我明扬仄陋，唯才是举，吾得而用之。

这也是曹操首次提出"唯才是举"的用人方针。此后建安十九年和二十二年一再下令"各举所知，勿有所遗"。

曹操在《短歌行》中以"周公吐哺，天下归心"表达自己的求贤之心。

关于"周公吐哺"这一典故的记载有，西汉韩婴《韩诗外传》卷三："吾文王之子，武王之弟，成王之叔父也，又相天下，吾于天下亦不轻矣，然一沐三握发，一饭三吐哺，犹恐失天下之士。"西汉司马迁《史记·鲁周公世家》中："周公戒伯禽曰：'我文王之子，武王之弟，成王之叔父，我于天下亦不贱矣。然我一沐三捉发，一饭三吐哺，起以待士，犹恐失天下之贤人。子之鲁，慎无以国骄人。'"

周公姬旦，是周文王第四子，周武王的弟弟，我国古代著名的

第一章
任人唯贤的历史根脉和思想渊源

政治家，曾两次辅佐周武王东伐纣王，并制作礼乐，使天下大治。周武王得天下后，为了巩固周朝的基业，便开始分封同姓宗族、功臣和亲戚到各地去做诸侯。在建国中立下汗马功劳的周公被封到鲁国。但是由于周朝刚刚建立，礼乐等制度也不完备，武王还需要周公的帮助，所以周公就没有去自己的封地，而是留在了首都镐京。

后来武王去世，成王幼小，周公怕天下人听说武王去世而背叛朝廷，就辅佐成王，代为处理政务，主持国家大权。管叔兄弟在国中散布谣言说，周公将对成王不利。周公告诉太公望、召公奭说，我之所以不避嫌疑代理国政，是怕天下人背叛周室，没法向我们的先王太王、王季、文王交代。三位先王为天下之业忧劳甚久，现在才刚成功。武王早逝，成王年幼，只是为了完成稳定周朝之大业，我才这样做。

周公命儿子伯禽代替自己去封地鲁国，虽然伯禽是一个很稳重的人，但周公还是不太放心。在伯禽临行前，周公语重心长地对伯禽说，伯禽，虽然我是文王的儿子，武王的弟弟，成王的叔叔，在全天下人中，我的地位也不算低了，但我仍然不敢因为这个原因而骄傲。如果听说贤人来了，即使我正在洗头发，我都要把头发握起来；如果正在吃饭，我会吐出正在咀嚼的食物。但即使我这样做，我都担心失掉天下的贤人。所以你到了鲁国，千万不要对臣民傲慢，要做到处事谨慎，生活俭朴，礼贤下士。周公摄政七年后，成王长大成人，于是周公归政于成王，退归臣位。

周公说，德行广大而守以恭者荣，土地博裕而守以俭者安，禄位尊盛而守以卑者贵，人众兵强而守以畏者胜，聪明睿智而守以愚者益,博闻多记而守以浅者广。即使身份尊贵,富有四海,倘不谦恭,不但会失天下,而且还会亡其身。《易》有言:"有一道,大足以守天下,中足以守国家,小足以守其身,谦之谓也。""周公吐哺"之典故告诉人们,为人处世应事事谦虚谨慎,只有礼贤下士,才能广纳人才。

三、慧眼识才

选任人才实际上包含了订立人才任用的标准并依据标准选拔人才,任用人才做到人岗相宜等一整套流程。对于标准的订立,即是我们前文一直讲述的"贤"的概念。订立标准后就要选拔人才,也就是要选贤与能。在选人之前要观人,即要有识才的慧眼。古圣先王治理国家,不在于设立多少官职,而在于选对人。

韩愈的《马说》以"世有伯乐,然后有千里马"开篇,把人才比作千里马,引用伯乐比喻善于发现人才的当权者。杰出人才为什么不能够被当权者发现并加以重用呢?正是因为"千里马常有,而伯乐不常有"。没有遇到自己伯乐的千里马,不仅没有办法发挥自己的才能,反而因为"食不饱,力不足,才美不外见",甚至比普通的马还不如。通过对于发现千里马的重要性的论述,韩愈不仅强调了发现人才的重要性,也揭示了人才发挥作用需要为其提供充足的资源、良好的条件。

世有伯乐,然后有千里马。千里马常有,而伯乐不常有。

第一章
任人唯贤的历史根脉和思想渊源

故虽有名马,祗辱于奴隶人之手,骈死于槽枥之间,不以千里称也。

马之千里者,一食或尽粟一石。食马者不知其能千里而食也。是马也,虽有千里之能,食不饱,力不足,才美不外见,且欲与常马等不可得,安求其能千里也?

策之不以其道,食之不能尽其材,鸣之而不能通其意,执策而临之曰:"天下无马!"呜呼!其真无马邪?其真不知马也!

如何辨别人才这个难题,长久以来一直伴随治国理政选人用人的实践。古代考察人才的具体方法有耳听、口问、考言、视声、视色、察情、观诚、观友、观隐与综合分析等。如孔子主张"听其言而观其行,退而省其私"。诸葛亮提出"七观法":"一曰,问之以是非而观其志;二曰,穷之以辞辩而观其变;三曰,咨之以计谋而观其识;四曰,告之以祸难而观其勇;五曰,醉之以酒而观其性;六曰,临之以利而观其廉;七曰,期之以事而观其信。"这些考察人才的方法,为古代正确选择人才提供了依据,也为现代的人力资源开发与管理提供了借鉴。

白居易的《放言》,讲的就是辨识人才真伪:"赠君一法决狐疑,不用钻龟与祝蓍。试玉要烧三日满,辨材须待七年期。周公恐惧流言日,王莽谦恭未篡时。向使当年身便死,一生真伪复谁知?"

发现人才的途径是多种多样的,古代许多杰出治国理政人才的成就都离不开自己的"伯乐",商鞅就是其中之一。商鞅年轻时喜欢刑名法术之学,受李悝、吴起的影响很大。他向尸佼学习杂家学说,

读懂任人唯贤

后侍奉魏国国相公叔痤，任中庶子。公叔痤病重，魏惠王亲自到公叔痤家中看望，询问假如公叔痤不在了，谁能接替他担任国相。公叔痤便向魏惠王推荐了商鞅。公叔痤说，商鞅年轻有才，可以担任国相治理国家。魏惠王没有说话。临别时，公叔痤又对魏惠王说，主公如果不用商鞅，一定要杀掉他，不要让他投奔别国。魏惠王还是不以为然。魏惠王走后，公叔痤把商鞅叫来，将自己向魏惠王所说之言都告诉了商鞅，说，我向魏王推荐你也好，让他不能用你就杀了你也好，都是站在国家的立场，说了这些话，我也就对得起魏国了，现在我把你叫来，是因为我们还是朋友，据我看来，魏王是不会任用你的，所以你还是赶紧跑吧。商鞅回答说，如果魏王相信您的话，他一定会重用我，假如他不听您的话，没有重用我，他又怎么可能听您的话杀我呢？

所以商鞅并没有急着离开。再后来的结局我们都知道了：魏惠王与商鞅失之交臂，结果魏国日益走向衰落；秦孝公任用商鞅变法，使得秦国很快富强起来，并为后来的统一六国打下了深厚的基础。

> 仲弓曰："焉知贤才而举之？"子曰："举尔所知。尔所不知，人其舍诸？"便见仲弓与圣人用心之大小。推此义，则一心可以丧邦，一心可以兴邦，只在公私之间尔。
>
> ——〔北宋〕程颢、程颐《二程集·河南程氏遗书·卷十一》

《二程集》是北宋思想家程颢、程颐兄弟一生传道讲学言论的结

第一章
任人唯贤的历史根脉和思想渊源

集。二人同为北宋理学的奠基者,故世称"二程"。二程的学说被称作"身心之学"或"心性之学",主张"有是心,斯具是形以生"。在他们看来,当政者是否具有公心,关乎国家兴亡。有了公心,可以使国家兴盛;没有公心,一切从私心出发,会使国家灭亡。

上面这段话是二程对《论语·子路》的解释。

> 仲弓为季氏宰,问政。子曰:"先有司,赦小过,举贤才。"曰:"焉知贤才而举之?"曰:"举尔所知。尔所不知,人其舍诸?"
>
> ——《论语·子路》

《论语·子路》中说的是鲁国的仲弓做了季氏的家臣,向孔子请教怎样管理政事。孔子告诉他,先责成手下负责具体事务的官吏,让他们各负其责,宽恕他们的小过错,选拔贤才来任职。仲弓又问,怎样发现并选拔贤才呢?孔子说,选拔你所知道的,至于你不知道的贤才,别人难道还会埋没他们吗?

对此,二程作了如下评语:"推此义,则一心可以丧邦,一心可以兴邦,只在公私之间尔。"

识人难在哪里?人是一个复杂的多面体,要看准看真实属不易,况且有些人格低下之辈,为达到一己私利,常常以假象掩其卑劣,一旦骗取信任被举荐用之,其丑陋面目才会逐渐暴露。而选人者或囿于眼力所限,或不听别人的意见,或私欲作祟,也容易看错。考量一个人是不是人才,是否可靠,必须经过时间的检验,必须多方听取意见，尤其是注意分析那些不同的意见，不能只看他的长处，一叶障目、以偏概全。在选人用人问题上，建立一套完善的考评机制，按条件选人，用制度选人，方可最大限度地克服识人用人上的偏差，真正做到把人看准用好，取信于民。

四、知人善任

选人之后要用人。任人唯贤，"任官惟贤材，左右惟其人"，都强调国家官员必须是贤德之人，君主左右也须为忠臣良将。但是如果有了贤臣，却不能使其发挥作用，等同于没有贤臣。领导者如不能谦恭待人，或者怀疑贤士，就会导致人才的流失；如果不辨贤愚，不能黜退奸佞，就会使贤臣蒙受构陷。中国自上古就已经开始了选贤的实践。选贤举能始终在历史进程中延续，并逐渐制度化，出现了多种人才选拔制度，其中的察举制和科举制，是中国古代社会的两大选人制度。特别是实行了一千三百多年的科举制，为历朝历代选出了大批优秀的人才，对中国历史进程产生了难以估量的影响。在多种举荐贤才的制度或形式中，最具特色的是让贤。"让"似乎与崇尚竞争的现代社会格格不入，但其实查析历史便不难发现，贤士相互礼让与国家兴盛息息相关。

对于如何使用人才，谚语"内举不避亲，外举不避仇"，讲求举荐贤能之人，于内不回避亲属，于外不回避仇人。西汉刘安《淮南子·兵略训》："若乃人尽其才，悉用其力。"如果是想要每个人都能充分发挥自己的才能，就要先熟悉他们的能力。在了解人的能力的

第一章
任人唯贤的历史根脉和思想渊源

基础上做到人岗相宜,不然就如《红楼梦》中的补天石,"无材可去补苍天,枉入红尘若许年"。清代诗人顾嗣协有一首《杂兴》诗,写得也很有意趣和哲理。诗曰:"骏马能历险,犁田不如牛;坚车能载重,渡河不如舟。舍长以就短,智者难为谋。生才贵适用,慎勿多苛求。"诗很直白,但阐发的道理却很深刻。事物各具所长,也各有所短,善用其长事则成,误用其短事则败。人才也是如此,世上全才、通才少有,绝大多数人具有某一方面或某几方面的长处,同时又有某些方面的缺陷。这就要求用人者必须知人善任,做到随才器使,用当其才。

张锋诗云:"自古完人何处寻?用才尽可效西邻。劝君参透短长理,自有人才涌似云。"诗中蕴含了一个故事,说的是西邻之人共有五子:一子质朴老实,一子聪颖伶俐,一子失明,一子驼背,一子跛足。朴者、敏者倒好安排,父亲分别让他们务农和经商。那么,那三个身有残疾的儿子怎么办呢?西邻认为"天生我材必有用",关键在于扬长避短。失明者,记忆力强,让他去学算卦;驼背者,分派他去搓麻绳;跛足者,叫他去纺线。这样五个儿子各得其所,均无冻饿之虞。张锋的这首诗,对西邻的用人之道给予褒奖,说的是知人善任的道理。有用之才假如放错了位置,有时也会变得无用。参透一个人的长处和短处,用其所长、避其所短,可用人才自然会如云涌现。

此外,能否使贤才真正发挥作用,领导者自身的德行修养是关键。《中庸》中说:"取人以身,修身以道。"领导者修身有成,以身观身,才能知人善任,所谓知己方能知彼。知人者智,自知者明,

读懂任人唯贤

领导者知己知彼是为明智。可见选贤与能、任人唯贤,都要以修身为根本。如果领导者胸怀天下,心系苍生,又能尊重贤者,任用能臣,那么,天下的贤士自会欢欣鼓舞,争相前来。这便是"同声相应,同气相求"的吸引力法则。《二程集·河南程氏遗书·卷十一》中讲:"一心可以丧邦,一心可以兴邦,只在公私之间尔。"领导者从走上岗位的第一天起,就面临着公与私的考验。领导者手中掌握着公权力,掌管着公共资源,公私分明、秉公用权,是起码的政治道德和为政操守。只有一心为公,事事出于公心,才能有正确的是非观、义利观、权力观、事业观,才能更好地发挥贤才的长处,治理好国家。

领导者应大胆使用人才,要有"用才的胆识",特别突出地表现在对优异人才的破格使用上。古话说"千军易求,一将难得"。特别优异的人才,对于一项事业的成败往往起着关键性的作用。这样的人才,一旦发现,就要破格使用。典型的例子就是诸葛亮。在遇到诸葛亮之前,刘备空有匡扶天下之志而找不到切实的出路。三顾茅庐后,年仅二十八岁的诸葛亮为他指明了天下的格局及其具有的机会和未来努力的方向,让刘备茅塞顿开。当刘备意识到诸葛亮就是他苦苦寻觅的那个人之后,就义无反顾、毫无保留地信任他、依赖他,给予他高官要职。刘备成全了诸葛亮的才智,而诸葛亮也成就了刘备的霸业。

人才从本质上讲应该是人力资源中那些能力和素质较高的劳动者,能力和素质是衡量一个是否是人才的两个最重要的标准。韩愈在《师说》篇里说:"闻道有先后,术业有专攻",一个人的能力与素质常常表现为某种程度的专业性或局限性。人无完人，金无足赤，人才的发现与使用要坚持"唯才是举"的原则要求，以能够解决某一个方面的具体问题为标准，不必求全责备，也不必思前想后，这正是龚自珍所言的"不拘一格降人才"。

在具体情景中是任人唯贤，还是不拘一格唯才是举？取舍的标准有二：一是我们选才用人是目的是成就事，还是忠于人？二是我们惩恶扬善的价值追求依靠的纤尘不染的君子之风，还是牢不可破的制度笼子？如果拥有了足够牢固的制度笼子，我们就一定可以"不拘一格降人才"，造就一个人人奋勇向前、个个堪当大用的崭新局面。

五、治官之道

关于中国古代培养什么样的官吏人才这一问题，涉及中国古代国家治理治官与治国的历史智慧。官员是治国理政的主体，其人事安排、组织结构和整体素养，不仅影响着国家治理的整体能力，而且关系到王朝的治乱兴衰。

中国古代在长期治官、治国的实践探索中，对于官吏提出了胸怀天下、胸怀人民的要求，这也是人才培养的标准。

《韩非子·显学》中讲："宰相必起于州部，猛将必发于卒伍。"提出要在实践中培养锻炼人才。清代诗人袁枚曾写诗来讲述人才需要不断历经磨砺，"人才那得如金铜，长在泥沙不速朽。愿公爱士如爱尊，毋使埋渣嗟不偶"。对人才，必须做到"高看一眼、厚爱三分"。韩非子"宰相必起于州部，猛将必发于卒伍"，正是讲述了对人才的锻炼要从基层抓起。

范仲淹在《岳阳楼记》中提出的"先天下之忧而忧,后天下之乐而乐",是一种为人民,也就是为大多数人的幸福观。古往今来,许多有作为的官员都以关心百姓疾苦为己任,为官者要有"先天下之忧而忧,后天下之乐而乐"的政治抱负,心无百姓莫为官。

"吏治不修,由官繁乱"(《碑传集》卷五四),治官之成效,关涉生民之休戚,天下之盛衰。管好官僚队伍,就要从道德、法律、制度等层面,塑造官员修己立身、慈惠爱民、忠君报国的价值取向,规约官员明政行教、遵纪守法、理政治民的行为方式,这是古代国家治理的核心内容和重要保障。各朝代在选贤任能的同时,更重视以长久、持续的政策措施,加强官员的道德教化、思想引导和行政规约,逐渐形成以德治官、以礼治官、以法治官、以制治官等恩威兼施、多措并举的治理机制。

在以德治官方面,古代讲求以官箴、官戒、官训等道德说教、思想劝诫、精神塑造的教化路径,引导官员恪守至忠、守道、公正、匡谏、诚信、廉洁、利人等修身之本、为官之道和成事之要,力求让官德成为涵养公德、感化民德的人格力量和精神力量,让遵守官德的官员成为淳化官场风气、引领社会风尚的官之楷模和民之表率。

在以礼治官方面,古代讲求以君臣之礼、臣臣之礼、官民之礼的等级差异,持续维系君、臣、民之间严密、稳定的身份关系和等级制度。无论是作为君主之臣还是治民之官,都要在跪拜、称谓、举止、言谈等礼仪和实践上,做到有礼有节,有规有矩,做到"君使臣以礼,臣事君以忠"(《论语注疏》卷三)。这种森严的等级观念

第一章
任人唯贤的历史根脉和思想渊源

和礼仪规范,无疑是特定历史的特殊产物,一定程度上强化了专制统治的特权秩序,树立了官员的政治意识、纪律意识和规矩意识,也在客观上固化了君、臣、民之间的多重社会关系,导致治官、治民、治国的正常运作机制出现僵化。

在以法治官方面,古代讲求以法典、法令、法律等司法手段和强制措施来纠正惩治官员的违法犯罪行为,这是在德治失效、礼治无效之后,不得已而采取的一种治官路径。古代以法治官的显著实践效果是:控制了官员的不仁之举,遏制了官员的不正之风,限制了官员的不法之行;古代以法治官的不足与缺陷亦存在,人治、礼治与法治始终彼此交错、相互纠缠,以致法律面前官民不平等,法治之中官民不和谐的情形较为普遍。

在以制治官方面,讲求以铨选、监察、考核、俸禄等多项制度配套实行,以维护官员的基本权益、规范官员的政治行为、纠劾官员的行政缺失。铨选以分职任,监察以绳百僚,考核以定去留,俸禄以养廉吏……这些治官制度的形成发展和传承创新,经历了漫长的演进轨辙,包含了丰厚的思想智慧,共同构成古代官员治理的核心制度体系和国家治理的主流制度机制。

我国古代任人唯贤的政治实践形成了丰富的历史经验。首先,强调任人唯贤在国家治理中的重要性,主张"任贤勿贰",反对任人唯亲、任人唯利,当然也不是说走向任人唯疏乃至任人唯仇的反面。其次,与时俱进确立德才标准,明晰任人唯贤之道,"博询众庶,则才能者进矣;不有忌讳,则谠直之路开矣;不迩小人,则谗谀者自远矣;不拘文牵俗,则守职者辨治矣;不责人以细过,则能吏之志得以尽其效矣",从而实现"以贤易不肖"。最后,从制度上保障任人唯贤原则的贯彻落实,如春秋战国时期出现了养士、荐举方式,两汉则形成了察举制,魏晋南北朝时期形成了九品中正制,隋唐以来科举制成为选人用人的主流制度。可以说,正是任人唯贤理念在一定程度的实践落实,自秦汉以来的封建社会不断扩大人才选用范围,广开进贤之路,广纳人才。如《新唐书》记载唐太宗李世民"任官必以才,不者,虽亲若襄邑王神符,不妄授;若才,虽仇如魏徵,不弃也"。

从认识"功以才成,业由才广",人才乃是成就事业的基本前提,到重视培养、识别、任用人才,让人才帮助国家建功立业,古人给我们提供了不少可资借鉴的启示,至今仍发挥重要作用。

第二章

马克思主义理论与任人唯贤的契合性

第二章
马克思主义理论与任人唯贤的契合性

第一节　马克思主义干部学说与任人唯贤思想相契合

马克思主义干部学说,是马克思主义理论在干部队伍建设领域的具体运用与发展,它深刻揭示了无产阶级革命和建设事业中干部队伍建设的本质规律。这一学说强调,无产阶级干部是党的路线、方针、政策的执行者和实践者,是人民群众利益的忠实代表和服务者,其核心在于"人民公仆"的角色定位。中国古代仁人志士多怀有"先天下之忧而忧,后天下之乐而乐"的崇高情怀,心系国家兴亡、百姓福祉。这种胸怀天下的情怀,是中华优秀传统文化中极为宝贵的精神财富。马克思主义与中华优秀传统文化中的任人唯贤思想在重视人才、尊重人才价值、强调人才选拔的公正性等方面具有高度契合性。

一、马克思主义对干部的人民公仆定位

"干部"一词是常见的对社会主义国家政府工作人员的称呼。根据《现代汉语词典》释义,"干部"一词有两个含义:(1)国家机关、军队、人民团体中的公职人员(士兵、勤杂人员除外);(2)担

任一定的领导工作或管理工作的人员。

马克思主义认为无产阶级干部是无产阶级革命和建设事业的关键力量，他们由人民群众选举产生，受群众委托形式领导和管理公共事务。按照组织层级，领导干部分为中央、地方和基层干部。领导干部在各自的职责范围内负有决策、指挥的重大职责，一般管理干部在集体领导下根据分工负责处理日常的事务性工作。按照分工领域不同，又可以进行细分为无产阶级政党干部、国家机关干部、专业管理干部等。通过追溯无产阶级干部队伍的形成发展历程，可以发现不同类型的干部队伍建设不断在回应共产主义事业的实践需求和发展形势，体现了无产阶级革命运动和社会主义国家建设对马克思主义理论的不懈探索。

无产阶级党员干部队伍是马克思主义形成和发展中形成的第一支干部队伍。党的干部队伍是无产阶级政党中最富有革命精神、革命意志和革命理论的领导者，在无产阶级政党理论武装下，领导无产阶级和人民大众推翻压迫和剥削，打破资产阶级的国家机器，从而建立起无产阶级专政的国家政权。

马克思主义是实践的学说，马克思主义经典作家提出的关于马克思主义的干部学说是在革命的实践中产生的，并在革命的实践中不断发展完善。马克思、恩格斯根据历史唯物主义的基本观点，深刻揭示了无产阶级政党干部队伍形成的必然性和历史进程。19世纪30至40年代，全世界无产阶级革命运动浪潮中形成的工人政党为无产阶级革命贡献了力量。在与资产阶级抗争的过程中，由于缺乏科学理论指导和未能重视革命领导力量，抗争始终没有实质性的突

第二章
马克思主义理论与任人唯贤的契合性

破。在马克思、恩格斯的指导下，正义者同盟于1847年改组为共产主义者同盟，这是世界上第一个以科学社会主义为指导思想的国际无产阶级的政党。马克思主义与工人运动的结合，使马克思、恩格斯认识到无产阶级革命中政党领导和政党建设的重要意义，党员干部队伍建设正是政党建设中的重要组成部分。在科学的理论指导下，无产阶级从同盟到政党，组织日趋严密，联合更加务实，党员干部队伍建设逐渐得到重视。无产阶级解放运动的成功需要坚强的领导核心作为根本保障，既是无产阶级革命事业发展的客观需要，也是无产阶级政党发展的主观需要。

从党的自身建设来说，无产阶级政党的有效领导离不开队伍中的先进分子，正是他们构成了党的干部队伍。无产阶级的干部，尤其是政党领袖人物，对政党的正确主张方针政策路线的形成、无产阶级革命事业的成功和马克思主义理论的丰富发展至关重要。从领导无产阶级和人民大众夺取国家政权来说，无产阶级干部对政党的战略主张等能正确贯彻执行起到决定性作用。他们还担负起壮大自身组织基础和群众基础，宣传组织动员群众投身革命实践的关键作用。在党员干部队伍的领导下，政党能够有效组织并整合各种力量，推动各项事业的有效开展。

1871年，巴黎公社运动的实践经验总结，使马克思、恩格斯关于工人运动的发展、科学社会主义的理论指导和党员干部队伍建设的必要性有了更加深刻的认识。从彻底的历史唯物主义立场出发，马克思、恩格斯批判地继承了资产阶级主权在民学说，认为人民群众是历史的创造者和社会活动的主体，是真正的权力所有者，是一切权力的最终源泉。这就从根本上解决了权力归属问题,具有巨大历史进步性。权力由谁授予,就必然对谁负责、为谁服务。权力来源于人民,必然要服务于人民。马克思主义政党是为绝大多数人谋利益的政党,党的领导干部是接受人民委托行使权力的"公仆"。在此理论指导下,第二国际建立,世界各国无产阶级革命事业蓬勃发展,马克思、恩格斯关于党员干部队伍建设的思想理论体系逐步加以完善。

伴随着无产阶级革命斗争的胜利,无产阶级砸碎资产阶级国家机器,建立起无产阶级专政的政权,也产生了无产阶级专政国家中的机关干部队伍。马克思在总结巴黎公社经验时指出,经过普选产生的公职人员应当"服务于组织在公社里的人民"[1]。恩格斯指出:"以往国家的特征是什么呢?社会为了维护共同的利益,最初通过简单的分工建立了一些特殊的机关。但是,随着时间的推移,这些机关——为首的是国家政权——为了追求自己的特殊利益,从社会的公仆变成了社会的主人。"[2] 在封建专制统治社会,统治者宣称自己的权力是来自于"上帝""神灵""天命"等,即"君权神授",并把国家权力作为世袭的私有资源,以愚弄和剥削广大劳动人民。随着生产力的发展和人民觉悟的提高,资产阶级启蒙思想家首倡主权在民学说,宣称人民是公共权力的来源,但他们认为人民的权利是天赋的,其实仍是一种唯心主义的权力观。

因此,无产阶级革命的任务,就是要打碎旧的国家机器,铲除

---

[1]《马克思恩格斯选集》第3卷,人民出版社2012年版,第100页。
[2]《马克思恩格斯选集》第3卷,人民出版社2012年版,第54页。

第二章
马克思主义理论与任人唯贤的契合性

国家本身的"寄生赘瘤"。马克思指出:"旧政权的纯属压迫性质的机关予以铲除,而旧政权的合理职能则从僭越和凌驾于社会之上的当局那里夺取过来,归还给社会的承担责任的勤务员。"① 马克思在这里所说的"社会的承担责任的勤务员",即社会主义国家的干部。

《1848 年至 1850 年的法兰西阶级斗争》中,马克思第一次使用了"人才"这个词汇:"置身于官方反动派的行列或者完全处于选举权享有者的范围之外的有上述阶级的意识形态代表和代言人,即它们的学者、律师、医生等等,简言之,就是它们的那些所谓'专门人才'。"②

在《共产党宣言》中,马克思、恩格斯对共产主义的实现步骤进行了规划,工人革命的第一步是使无产阶级上升为统治阶级,争得民主;之后,无产阶级将利用自己的政治统治,一步一步地夺取资产阶级的全部资本,把一切生产工具集中在国家即组织成为统治阶级的无产阶级手里,并且尽可能快地增加生产力的总量。无产阶级国家建设不仅包括领导和管理人民群众委托的公共事务,还有组织生产、发展经济的重要任务,因而需要广泛的人才队伍投入建设事业中来,也就产生了无产阶级干部中对于各类企事业单位进行管理的干部队伍,以及各领域的专门人才。关于人才问题,马克思、恩格斯也进行了深刻论述,形成了完整、科学的人才思想体系。

借鉴相关概念,中国共产党在 1949 年前把党、军队以及革命根据地苏维埃政府中担任一定公职,并从事军事、政治、经济、文化

---

① 《马克思恩格斯选集》第 3 卷,人民出版社 2012 年版,第 100 页。
② 《马克思恩格斯选集》第 1 卷,人民出版社 2012 年版,第 477 页。

教育等工作的人员都称为"干部"。按照马克思主义干部学说的基本原理,在建立一支能够领导人民群众进行推翻帝国主义、封建主义、官僚资本主义三座大山斗争的无产阶级干部队伍方面取得了成功的经验。新民主主义革命时期,中国共产党还建立了一套具有社会主义雏形的干部管理制度,为新中国成立后形成社会主义的干部制度奠定了基础。

新中国成立后,革命战争时期的干部概念外延进一步扩大,既包括党和军队以及国家机关工作人员,也包括群众团体工作人员、企事业单位管理人员以及科技管理人员、技术人员,且国家正规院校中专以上毕业生身份都是干部,甚至包括宗教界的主持、阿訇(如享受处级待遇的阿訇)等。此时,中国的干部概念过于笼统,缺乏科学分类,范围无所不包,十分庞杂。主要包括如下几类:(1)党委、政府、人大、政协、工青妇群团组织、公检法、民主党派等各级机关领导人员和工作人员;(2)国有企事业单位管理干部,具有中专以上正规国家院校毕业文凭的人员;(3)部分专业技术人员,科技管理人员;(4)军队中排级以上干部;等等。在实际工作中,一把将在中国共产党和国家机关、军队、人民团体、科学、文化等部门和企事业单位中担任一定公职的人员都称为"干部"。

党的十一届三中全会召开后,邓小平对我国的干部制度改革作了多方面的关键性的论述,其中1980年8月18日在中央政治局扩大会议上所作的讲话《党和国家领导制度的改革》,成为指导我国干部制度改革的纲领性文献。经过15年改革开放的伟大实践,中国共产党逐步形成了社会主义现代化建设新时期干部选拔的"四化"方针，干部管理工作的基本原则，革除了干部职务终身制、干部缺乏考核、监督等弊端，建立、健全了一整套科学的干部管理制度（包括国家公务员制度）。当代中国社会主义干部制度的改革与完善，具有深刻的理论意义和现实意义，是对马克思主义干部学说的新发展，是社会主义制度在中国立于不败之地的一个重要条件。

马克思主义的干部学说与实践，实出地表明了干部是人民的公仆。纵观人类历史，人民群众始终在社会发展中起着决定的作用。社会主义国家是无产阶级和劳动人民当家作主的国家，社会主义国家的干部只能是人民的勤务员。他们的一切言行必须符合广大人民群众的利益，以受到人民群众的拥护为最高原则。模范地遵守党纪国法，一切为了群众，一切依靠群众，同群众同甘苦共患难，这是干部的本质体现。

二、任人唯贤思想的胸怀天下情怀

胸怀天下情怀是凝结古代国家、民族与大众的精神纽带，体现了统治阶级与广大人民的国家认同、民族认同、文明认同。中国优秀传统文化为政思想精髓在于强调为君者要坚持以民为本，施行仁政，以德行治理国家。执政者为政以德，方可实现"譬如北辰，居其所而众星共之"。因此，为官为政者理应造福于民，为民服务，正如《管子·治国》中所言："善为民除害兴利，故天下之民归之。"中国古代人才大力弘扬"学而优则仕""达则兼济天下"等为民报国志向，将士则怀揣卫国戍边的信念守卫了中华安宁。在普通百姓的理想中，既有祈愿农耕风调雨顺、五谷丰登，家庭天伦之乐、子孙满堂等贴近个人生活的朴素心愿，也有对天下太平、君主圣明、政通人和的时代与环境的宏大愿景。

（一）"内圣外王"的君主理想

封建王朝的君主的理想在于希望能够拥有足够的政治统治权力，由此，君主们往往有着开疆扩土、一统天下、千秋万代、盛世太平的理想抱负并致力于树立贤明的形象。为巩固统治地位，君主将广纳天下贤士，寻找治国理政的良方作为重要的手段。同时，在历史实践中的贤明君主也成为人民大众评价君主的参照性，并在人们心中构建起君主的理想形象，形成了对于封建君主的一套评价体系。封建统治者希望塑造的自身形象与大众勾勒的理想君主形象，构成了"内圣外王"的君主衡量标准。它不仅体现着统治者的个人修养，更关乎着国家治理的方略。其中，"内圣"指君王在内心的修养和道德境界。强调君主自身应修身养性，完善自我。一位内圣的君王，首先要具备高尚的品德，如仁、义、礼、智、信，以身作则，成为臣民的表率。"修身齐家"是内圣的根本，即通过个人修养，管理好家庭，为治国平天下奠定基础。"外王"指君王治理国家的方略和才能。"治国以正，平天下以武"，外王之道强调君王要以正道治国，使用武力平定天下。一位外王的君王，必须具备卓越的政治智慧和军事谋略，能够驾驭臣子，制定政策，统领军队，最终实现国家安定，天下太平。圣与外王相辅相成，缺一不可。内圣的修养为外王的治理提供道德基础，外王的治理又检验着内圣的修养是否到位。

第二章 马克思主义理论与任人唯贤的契合性

只有将内圣外王融为一体,君王才能成为真正的贤明君主,带领国家走向繁荣昌盛。

伴随儒家成为封建统治的正统思想,儒家思想中"尚贤""尊贤使能"等成为君主的必备素质,以德治国,以武安邦,不仅指君主要用自己的才能和智慧为国家和人民谋福祉,还要做到知人善任。董仲舒独尊儒术,主张君主掌握生杀予夺的权力,这些权力的实施要按照四时的规律进行;官吏的设置要按照五行的特性使得他们各尽其能;仁德与刑罚于阴阳是一致的。只有做到如此,君王的德行才能使与上天相配的。

按照董仲舒的构想,君主首先要做到"尊神",这是·国之君的"体国之道",其真实目的在于将君主的权力神秘化,"民可使由之,不可使知之",从而达到统治民众的理想结果。董仲舒要求君主做到的第二方面是要有仁德,按照人主者必须法天力行的标准,泛爱群生。君主为王,需要按照自然界的规律进行统治,上天有四季"春生夏养秋杀冬藏"的规律,王道也应该法天而行做到赏罚有度,副天之行以为政。积贤是董仲舒提出的合格君王的第三个重要的标准。要求在于人主者能够做到量能授官。官员是君主为政的重要因素,官员的设置和素质的高低对于政绩有着直接的影响,官吏的设置合于天,必当有助于君主施政。为进一步强调任贤、积贤的重要性,董仲舒指出让贤者时刻准备成为朝廷的股肱之臣,那么就可以君尊而国安了,为更深刻地强调任贤、积贤的重要性,董仲舒又指出,如果君主任用的是贤良之才,那么国家就能安定君主才能尊贵,反之,就会导致国家危亡君主卑微。这些反复地都在说明一

读懂任人唯贤

个问题：君主所任人贤与不贤，直接关系到一个君主自身，以及一个国家的成败兴亡的大事。一国之君，能够将天下贤士聚为己用，则能够上下相通、相互制约、相互为用，国家也就能够得而守。反之，主卑国危。

君主要做到积贤首先要对贤有充分的认识，既要做到"知贤"。知贤是第一步，单纯只是了解而不去争取，不能任贤，最终亦会引起政治混乱、国家危难。所以治理国家的一国之君，要主尊国兴就必须要做到知贤的基础上任贤，并且要进一步积贤，将天下的贤能之人聚集在一起，共同为国家的治理出谋划策，使众贤同心，这才是治国安邦的必由之路。君主要积众贤于身边，还必须使得自己具有这样的凝聚力。这种凝聚力的获得是从一个君主的行为、态度方面产生的，董仲舒对此也提出了对一个君王的标准要求：一个君主要做到谦卑、礼贤下士、真诚待人，这样才能具有招才纳贤的基础。这样，天下的贤良之才云集于国君周围，辅助国君取天下、治理天下。

纵观中国封建社会数千年历史，大唐盛世留下了光辉灿烂的一笔。唐朝初年，唐太宗李世民在位期间，任用贤能，知人善任；广开言路，尊重生命，自我克制，虚心纳谏；并采取了以农为本，厉行节约，休养生息，文教复兴，完善科举制度等政策，使得社会出现了安定的局面；并大力平定外患，尊重边族风俗，稳固边疆，最终取得天下大治的理想局面，史称"贞观之治"。贞观之治的各项善政，使官吏廉能，社会安定，人民丰衣足食，解决温饱，经济发展迅速，造成中兴局面，奠定了唐代的基业。为后来全盛的开元盛世

第二章
马克思主义理论与任人唯贤的契合性

奠定了重要基础,将中国传统农业社会推向鼎盛时期。

唐太宗的成功,不仅得益于"择善任能",也体现了"内圣外王"的评价标准。唐太宗重用人才,虚怀纳谏,得人善任,从谏如流,营造出政治清明的氛围,保证了较为开明正确的政治、经济、民族、外交、文化上的政策得以制定和实施。

在用人方面,唐太宗知人善任,用人唯贤,不问出身初期延揽房玄龄、杜如晦,人称"房谋杜断",后期任用长孙无忌、杨师道、褚遂良等,皆为忠直廉洁之士;其他如李勣、李靖等,亦为一代名将。此外,太宗能不计前嫌,如以"犯颜直谏"闻名的魏徵,他不仅在早年是道士身份,原来还做过太子李建成的谋士,曾议请谋杀太宗。玄武门事变后,李世民问魏徵为什么要离间他们兄弟。魏徵只是据直回答,先太子要是按照我说的去做,就没有今日的祸事了。李世民素来看重魏徵的才能,此时见他说话直爽,没有丝毫隐瞒,便将其赦免,授为詹事府主簿,从而将他吸纳为自己的幕僚。

据《贞观政要》记载统计,魏徵向李世民面陈谏议有五十次,呈送给李世民的奏疏十一件,一生的谏诤多达"数十余万言"。其次数之多,言辞之激切,态度之坚定,都是其他大臣所难以伦比的。

魏徵的谏诤涉及面很广,他规谏李世民要以"亡隋为戒",接受历史教训,居安思危,力戒骄奢淫逸。为百姓生计,他规谏李世民要与民休养生息,一改隋炀帝奢靡之风,反对营造宫室台榭和对外穷兵黩武;为社会安定,他规谏李世民要废除隋的严刑峻法,代之以宽平的刑律;为政治清明,他规谏李世民用人要"才行俱兼",对官吏中的贪赃枉法之徒要严惩不贷。在刑赏问题上,他认为刑赏之

读懂任人唯贤

本在于劝善惩恶,在王法面前,"贵贱亲疏"一律对待;在君主的思想作风上,他规谏李世民要兼听广纳,认为"兼听则明,偏信则暗",以防止贵臣壅蔽,下情不得上达。

对这些有关国家治乱、社稷存亡的大问题,魏徵在上谏时一向是坚持原则,据理力争,对唐太宗的失误批评也是尖锐的。他提倡上书言辞激切,无所顾忌。尽管李世民对魏徵的尖锐批评一时难以接受,但他毕竟认识到魏徵是忠心奉国,有利于国家长治久安,因此对其进言多所采纳。当然,李世民的开明政治是魏徵屡次极言直谏的重要原因,因此他回答说:"陛下导臣使言,臣所以敢言。若陛下不受臣言,臣亦何敢犯龙鳞,触忌讳也!"魏徵对朝政失误的批评,对贞观政治纠谬补缺,多所裨益。

魏徵死后,太宗伤心地说:"夫以铜为镜,可以正衣冠;以古为镜,可以知兴替;以人为镜,可以明得失。魏徵逝,朕亡一镜矣。"唐太宗能够兼听众议,注意纳谏。其臣下敢于犯颜直谏,形成了中国君主专制社会中少有的良好政治风气。唐太宗十分注重人才的选拔,严格遵循德才兼备的原则,认为只有选用大批具有真才实学的人,才能达到天下大治,因此他求贤若渴,曾先后五次颁布求贤诏令,并增加科举考试的科目,扩大应试的范围和人数,以便使更多的人才显露出来。由于唐太宗重视,贞观年间涌现出了大量的人才,可谓"人才济济,文武兼备"。正是这些栋梁之材,用他们的聪明才智,为"贞观之治"的形成做出了巨大的贡献。

第二章
马克思主义理论与任人唯贤的契合性

（二）"修身治国齐家平天下"的文人志向

在儒家文化的影响下，几乎所有古代文人都会把"修身治国齐家平天下"当作自己的人生志向。儒家文化塑造出的君子形象成为文人的向往，体现在对内不断提升自身的品德修养，对外则体现为希望能发挥自己的才能造福天下。孟子的"穷则独善其身，达则兼济天下"，体现的正是这种思想。

在儒家文化中，"仕而优则学，学而优则仕"则更加深刻地揭示了古代士人的人生追求和价值取向。这句话出自《论语》，春秋末年，中国社会处在由奴隶制向封建制过渡的大变革、大动荡之中。以孔子为代表的先进思想家、教育家，顺应历史发展的潮流，提出"举贤才"任人唯贤的政治主张。在奴隶制社会中，"学在官府"，奴隶主贵族垄断文化教育，官守学业，私门无著述文字。教育非官莫属，欲学者以吏为师。在奴隶社会宗法制度下，实行以血缘关系为纽带的世卿世禄制度。其培养和选用人才的原则是"任人唯亲"，从三卿到大夫都是子孙相继，代代相传。社会上普遍存在着不学而仕、仕而不学和学而不能仕的现象。庸碌不学无术之辈身居高位，贤德有才之士不得任用。奴隶制的崩溃，封建制的兴起，冲击了世袭制下以血统论贵贱、智愚的旧传统。春秋末年，官府之学解体，官学散落民间，出现学术下移，为非奴隶主贵族者学习文化创造了条件。而孔子认为"贤才"并非天生，要靠后天的教育和学习去培养，然后由学习成绩优秀的贤才去充任官职。孔子说："先进于礼乐，野人也；后进于礼乐，君子也。如用之，则吾从先进。"（《论语·先进》）这种思想与主张传之于弟子，便是子夏所说的"学而优则仕"。按照

读懂任人唯贤

这一主张，学习便是为做官做准备，学与不学，学的好坏，便成了能否做官的条件。"学而优则仕"由此成为士人实现人生抱负的价值导向，伴随儒家思想成为统治思想上升为统治阶级选拔、任用人才的原则，又进一步影响了教育思想的发展。因此，"学而优则仕"成为将人才教育和人才选拔更加紧密联系起来的重要文化思想。

"学而优则仕"思想两千多年来对中国的政治和文化教育的发展产生了深远的影响。这一思想在春秋战国时期不仅属于儒家，墨、法各家也都反对世卿世禄制度，反对仕而不学和不学而仕，只是学的内容和优的标准不同。这一思潮的出现为创立新的选士制度奠定了思想基础，并逐渐形成了一条选用人才任人唯贤的原则。在长期的封建社会中，这一原则因有利于统治阶级获取人才，所以很受当权者所重视。

封建社会实行"学而优则仕"有一个漫长的历史发展过程。汉代实行选举制，即所谓"乡举里选"，也称荐举或察举，其办法为由地方官逐级考察保举，送至中央，再行考察，然后委派官职。此制虽曾选出过一些人才，但在实行过程中，荐举大权操在地方官吏手中，一无身世、二无靠山的英才俊士仍然难被选中。魏晋南北朝改行九品中正制，在各州郡设置大小中正官，区别所管地区的人物，定为九等，称九品，以此作为选人授官的依据。之后随着世族地主垄断地位的丧失，庶族地主要求参与政权，以门第取人的九品中正制不再适用，遂改行专门用考试办法挑选人才的科举制度。科举制始于隋，盛于唐，废止于清末，实行了1300多年。科举制度的基本特点是通过考试选拔人才，这种办法同选举制及九品中正制相

第二章 马克思主义理论与任人唯贤的契合性

比，较多地体现了"学而优则仕"的精神。两千多年来，封建王朝曾把"学而优则仕"作为限制豪门世族特权，吸引庶族地主参政的手段。庶族地主及一般知识分子也曾把"学而优则仕"看作自己升腾发迹的途径。因此，科举取士在一定的历史时期和一定程度上体现了"学而优则仕"的精神，在与世袭制的斗争中，也确实曾为封建统治者培养和选拔了一批人才。

为我们今天所熟知的历史文化名人，他们的人生都与"学而优则仕"的抱负有着千丝万缕的关联。"诗仙"李白在盛唐时期以大鹏自比，希望"大鹏一日同风起，扶摇直上九万里"。然而在重农抑商的封建王朝，按照"士农工商"的社会阶层，李白甚至不能通过正常的科举致仕，这也成为李白"奋其智能，愿为辅弼，使寰区大定，海县清一"政治理想最终破灭的原因之一。

古人的胸怀天下的理想里，包含着成就一番事业的雄心壮志。然而，胸怀天下之人致仕并非仅为自我成就，还包含了诸多情怀。有"鞠躬尽瘁死而后已"这种对于帝王慧眼识才的知遇之恩，也有"平步青云""光耀门楣"这种获得社会认可的骄傲和喜悦，更有对于百姓的挂念关怀，这也正是心怀天下的写照。杜甫身世飘零，衣衫褴褛之时，仍记挂"安得广厦千万间，大庇天下寒士俱欢颜"；范仲淹"先天下之忧而忧，后天下之乐而乐"，把国家民族利益摆在首位，以国家前途命运为忧，为百姓幸福而乐。吸收传承文人风骨，当代哲学家冯友兰将北宋张载"为天地立心，为生民立命，为往圣继绝学，为万世开太平"概括为"横渠四句"，将个人志向与儒学民胞物与、全体归仁的永恒政治理想联系起来，将"为人类社会构建良好的精神价值观，为民众选择正确的命运方向及确立生命的意义，继承发扬先贤即将消失的学问，为后世太平开创基业"作为自己的人生追求，在此贡献和奋斗的历程中追寻生命的意义。

但是，在整个封建社会里，无论是汉代的选举制，魏晋的九品中正制，还是隋、唐以后的科举制，都没有也不可能真正充分地实行"学而优则仕"。随着封建制度的衰落及科举制度的流弊丛生，通过科举来实行"学而优则仕"则日渐成为一纸空谈。科举制的人才选拔存在于封建阶级的统治之下，又提倡通过读书以求仕进，宣扬读书做官的思想，也对后世带来了通过读书实现阶级跃迁的思想影响，在这一思想影响下，儒家后学更提出"劳心者治人，劳力者治于人"（《孟子·滕文公上》）及"万般皆下品，唯有读书高"等厌恶体力劳动，鄙视劳动人民的思想，这些思想使一些文人官员脱离人民群众，也并不能在这样的封建统治之下真正践行心怀天下造福人民。

（三）平定天下、守卫安宁的将相理想

为实现大一统，杰出的君主往往也是优秀的军事家。"打天下"不仅是逐鹿群雄成王败寇的一人之事，也关系着百姓命运苍生福祉。在古代历朝历代中，汉高祖刘邦、宋太祖赵匡胤、明太祖朱元璋都是以军事起家，这些都彰显了军事才能的重要性。陈胜吴广领导农民起义，虽并非传统意义名将，但以"王侯将相宁有种乎！"激发了平民的觉醒，揭示了人人皆可为英雄的平等理念，推动了社会的变革，长久激励着封建统治下的反抗与革命精神。

第二章
马克思主义理论与任人唯贤的契合性

在天下一家、和而不同的大一统思想理念和政治抱负之下,治国平天下不仅是文人的战略谋划,也是将士的沙场博弈,这就给了将相们发挥才干的舞台。因而,如何选拔任用军事人才带领军队开疆拓土,是任人唯贤考量的关键领域。辛弃疾《破阵子》中的"了却君王天下事,赢得生前身后名",说出了古代将相们的理想是为君王平定四海,摆平内忧外患,顺便赢得自己的名声,千古流芳。将士们同样感激知遇之恩,于是有了"报君黄金台上意,提携玉龙为君死",亦有雄心壮志与家国大义,"黄沙百战穿金甲,不破楼兰终不还""只解沙场为国死,何须马革裹尸还"。

中国古代军事人才的培养选任也历经了制度更迭。西周时期"六艺"中就已经开始强调与军事技能相关的"射、御"。秦时从军功制到荐举制是直接运用于军事人才选拔的制度实践。唐代设立武举,测试骑射、负重等。两宋至明代都延续武举,并设置武学。就武举而言,两宋"以策(论)为去留,弓马为高下","凡武举,始试义、策于秘阁,武艺则试于殿前司,及殿试,则又试骑射及策"。由于统治者重文轻武,宋代士人有能力应进士举者,不屑于应武举。不过,科举选拔出来的士人也会担任军事指挥。宋代文天祥就既是文臣,也是武将。他在明志诗《过零丁洋》中首句写"辛苦遭逢起一经",就是回顾了自己辛辛苦苦熟读经书,通过科举考试被朝廷选拔而入仕途的人生经历。后举兵抗元,四年转战,尽管文天祥率部力战,但终因"朝廷姑息牵制之意多,而奋发刚断之义少",以及其他种种原因,虽艰苦卓绝,然屡屡失利,最终"干戈寥落",官兵星散,自己竟被元人擒获。在这种"山河破碎风飘絮,身世浮沉雨打萍"的境遇之下，他仍坚守气节、舍生取义，咏出"人生自古谁无死，留取丹心照汗青"的为国尽忠、视死如归之志，以崇高的民族气节激励和感召古往今来无数志士仁人为正义事业英勇献身。

就武学而论，宋代武学"设教授以文武臣熟知兵事者充任……视看人材、试验弓马，合格者始许入学"。其教学内容除弓马武艺外，尤其重视"习诸家兵法，教授纂次历代用兵成败、前世忠义之节"。明代武学则增加了《论语》《孟子》等作为主要教材。明弘治六年（1493）规定，武举"六岁一行，先策略，后弓马，策不中者不许骑射"。然而明代武职多荫袭，武举只是补充形式。

"以弧矢定天下"的清王朝，武举渐以骑射、技勇为重。清嘉庆年间，改策论为默写武经百余字即合格。而武官选任则以行伍出身为正途，武举出身次之。就军事教育而言，清廷不再专设武学，而是在官学设立武学教习教授生员。鸦片战争之后，清政府先后创办福州船政学堂、天津水师学堂、湖北武备学堂等新式学堂。其课程主要教授数、理、化等自然科学知识，以及新式炮台和营垒的构筑方法等工程技术。编练的新军按才学品行优劣、训练勤惰、考核成绩高低决定赏罚，排以上的军官须由军事学堂出身者担任。至此，军事人才的培养选拔逐步向现代化转型。

三、马克思主义干部学说与任人唯贤的结合

无论是马克思主义干部学说的人民公仆定位，还是中华优秀传统文化中君臣胸怀天下的理想，它们的共同点在于都深刻体现了对

第二章
马克思主义理论与任人唯贤的契合性

人民福祉和社会责任的深切关注。两者在精神内核上高度契合，都强调了领导者应具备高尚品德和为民情怀，为现代社会治理提供了宝贵的思想资源。

习近平总书记在纪念马克思诞辰200周年大会上指出，马克思主义博大精深，归根到底就是一句话，为人类求解放。从探寻的目标来看，马克思主义是"胸怀天下，兼济苍生"的理论学说。这一理论不仅有对人类社会发展规律深刻把握的理论深度，更有着"超越小我，实现大我"的实践温度，强调在依靠人民推动历史发展中寻求全人类的解放，"最终建立一个没有压迫、没有剥削、人人平等、人人自由的理想社会"。

从诞生背景来看，马克思主义的诞生是无产阶级获得解放的需要。19世纪40年代，资本主义大工业迅速发展，其自身的"不可调和的矛盾"逐渐暴露出来，社会两极分化加剧，工人运动在此时蓬勃发展，但由于工人群众对受剥削的根源、自身的使命以及求得解放的途径没有清晰的认识，运动均以失败告终，无产阶级亟须正确的理论引导。在这一背景下马克思主义应运而生，它一经诞生便和工人运动的实践相结合，对无产阶级寻求自身解放以及全人类解放进行了全面的指导。

从阶级使命来看，马克思主义是人民实现自身解放的思想体系。马克思创立了唯物史观和剩余价值学说，揭示了社会更替的一般规律与资本主义的剥削本质，由此，社会主义由空想变为科学。他指出资本主义终将被社会主义所取代，无产阶级作为先进生产力的代表，也必将是资产阶级社会的"刽子手"以及社会主义社会的"领航人",无产阶级只有解放全人类才能解放自己。

从马克思主义经典作家的论述中可以看出,权力服务于人民是马克思主义政党行使权力的根本目的。比如,列宁强调要让每一个共产党人都记住,"他们代表着全体农民、全体劳动者和被剥削群众,即反对全民的敌人的全体人民的需要和利益。"[1]中国共产党始终牢记党的权力是人民给的,党的各级干部都是人民的公仆,应全心全意为人民服务的宗旨。这既是对马克思主义权力观的践行,也是中华民族历史民本思想的传承发展。

在中华传统话语中,"江山社稷"是对"国家政权"的形象化表达。古代思想家对于"人民"与"江山"的内在联系有过深刻思考,提出了"民惟邦本,本固邦宁""天地之大,黎元为先""天视自我民视,天听自我民听"等朴素民本思想,具有一定的进步性,但囿于历史和阶级立场的局限性,这些思想观点未能从维护和实现人民群众自身利益的角度,提出关于国家政权建设的理论。在此政治观国家观上选拔出来的贤士,面对天下百姓的安危疾苦,他们抱着极大的同情和体恤,其心怀天下、利泽民生的赤子情怀值得崇敬,但其"兼济天下"的内涵还是未能脱离为封建统治阶级服务的历史局限性。元朝张养浩一句"兴,百姓苦;亡,百姓苦"的感慨,正是封建统治不能真正实现民生福祉的深刻揭露。

在马克思主义国家观中,国家具有鲜明的阶级属性。马克思主义国家观从人类社会发展的历史进程认识和把握国家产生、发展的一般规律,认为国家是阶级矛盾不可调和的产物,不同类型的国家

---

[1]《列宁全集》第9卷,人民出版社1963年版,第329页。

第二章
马克思主义理论与任人唯贤的契合性

具有不同的阶级属性。马克思、恩格斯指出,"无产阶级的运动是绝大多数人的,为绝大多数人谋利益的独立的运动"①"工人阶级一旦取得统治权,就不能继续运用旧的国家机器来进行管理"②,必须"以新的真正民主的国家政权来代替"③。

马克思主义国家观深刻指明我国国家政权建设的价值导向。中国共产党建立的马克思主义红色政权,是人民当家做主的国家政权,我们党团结带领人民进行的一切奋斗,都是为中国人民谋幸福、为中华民族谋复兴,都是为实现好、维护好、发展好最广大人民的根本利益,都是为不断推进人的全面发展、全体人民共同富裕。为能够实现国家政权建设的目标而凝聚起来的干部人才队伍力量,是我国政权稳固和现代化事业不断向前发展的中流砥柱。以马克思主义理论武装干部人才头脑,和在选拔任用中对社会主义事业和以人民为中心的信念的考察,成为任人唯贤进化发展的时代内涵。

马克思主义人民观认为,人民是历史的主体,是社会物质财富和精神财富的创造者,是社会变革的决定力量。我们党始终坚持马克思主义人民观,把人民利益作为革命建设和改革事业以及国家治理的出发点和落脚点,在紧紧依靠人民创造历史伟业的伟大实践中赢得人民群众的支持和拥护,不断巩固党的长期执政地位。

中国古代人才的社会抱负"学而优则仕""达则兼济天下"等,与马克思主义人民观和强调政党应服务群众的观点不谋而合。习近平

---

① 《马克思恩格斯选集》第1卷,人民出版社2012年版,第411页。
② 《马克思恩格斯选集》第3卷,人民出版社2012年版,第54页。
③ 《马克思恩格斯选集》第3卷,人民出版社2012年版,第55页。

总书记强调,要始终把人民利益挂在心上,"心无百姓莫为官",为官者必须以"天下大事必作于细"的态度,真心诚意地为人民群众办实事。在实践中汲取马克思主义理论精髓与中华优秀传统文化智慧,转化为中国共产党人的干部人才队伍建设成就。与此同时,马克思主义国家观、人民观与任人唯贤的结合,为中国共产党的干部人才队伍学说打下坚实的学理基础。

第二章
马克思主义理论与任人唯贤的契合性

第二节　马克思主义人才观与任人唯贤思想相契合

科学技术的发展推动资本主义社会的生产力水平大幅度提升，由此带来社会化大生产和生产资料私有制，也使无产阶级登上历史舞台。在日益激化的社会矛盾和无产阶级的觉醒斗争下，无产阶级革命的情势呼唤属于自己阶级的领导者和掌握科学社会主义理论的革命人才，发展出马克思主义的人才理论体系。马克思主义强调人的自由全面发展，人才正是自由全面发展达成的成果。马克思主义认为，人才处于社会活动之中，要为社会大众服务，要有为人类解放事业而奋斗的决心和信心，有对无产阶级身处境遇的同情和悲悯，要以科学的社会主义理论武装头脑。在通往共产主义的道路上，马克思、恩格斯不仅设想了每个人自由全面发展的理想世界，还强调了实践的重要意义，将对道德、能力及实践的考察纳入人才的培养选拔任用全过程。老子在《道德经》中将治国比作烹饪，有"治大国若烹小鲜"之说。"若作和羹，尔惟盐梅"则以调味必备的材料为喻，表明国家治理离不开贤良之人，需要德才兼备的人审慎协调各方权益、妥善处理各种情况。

一、以德为先

（一）马克思主义道德观

道德判断在马克思、恩格斯的著作中有多处体现。从《1844年经济学哲学手稿》中对异化的批判，到《共产党宣言》中对共产主义的憧憬，再到《资本论》中对资本主义生产过程中工人阶级非人处境的描绘，都在一定程度上体现了马克思的道德关怀。"异化""剥削""奴役"等字眼，更是折射了马克思的道德诉求。

对人的道德界定，在马克思主义哲学中存在着两类对比。一种是马克思所批判的抽象的虚假的旧道德，另一种则是马克思在批判旧道德过程中所潜在表达的真正的具体的新道德。所谓旧道德，是指马克思之前的西方道德哲学，以边沁、密尔为代表的功利主义和以康德为代表的义务论学说，都将道德建立在抽象人性的基础之上，认为道德是人之为人的本质表现，从而提出了一般的道德原则。马克思则指出，"不是意识决定生活，而是生活决定意识"[1]。作为意识表现形式之一的道德，应该"从现实的前提出发，它一刻也不离开这种前提。它的前提是人，但不是处在某种虚幻的离群索居和固定不变状态中的人，而是处在现实的、可以通过经验观察到的、在一定条件下进行的发展过程中的人"[2]。所以，建立在抽象人性基础上的道德只能是形式的、抽象的"道德说教"，而真正的道德应该建立在"现实的人"的基础之上。

---

[1]《马克思恩格斯选集》第1卷，人民出版社2012年版，第152页。
[2]《马克思恩格斯选集》第1卷，人民出版社2012年版，第153页。

第二章
马克思主义理论与任人唯贤的契合性

马克思强调道德规范与价值理念的统一、道德理论与道德实践的统一、个体自律与个人自由的统一，这些关于道德的论述清晰阐释了道德与物质利益、道德与社会生活、道德与自由之间的关系。马克思指出，我们"不是从观念出发来解释实践，而是从物质实践出发来解释各种观念形态"①。道德不能脱离人的价值理念，道德背后一定承载着利益。所有的道德基础都应该是以物质利益和由物质生产关系制约和决定的意志为基础。

道德也不可能只在纯粹的思想领域中发生，对道德的理解和建构，必须上升到现实的人所生活的现实的世界中去，必须对现存世界的生产条件和现实的个人的社会关系加以批判性考察。马克思不仅是这么说的，而且是这么做的。时至今日，马克思仍然为世界人民所敬重，不仅仅在于他博大精深的思想，更在于他对广大劳苦大众的同情、致力于追求全人类解放的崇高道德境界。马克思把毕生的精力投入为全人类的解放和自由的奋斗中去，为此而甘愿忍受病痛、贫穷和驱逐。可以说，马克思以他自己的身体力行告诉我们，真正的道德必须是知行合一。

马克思把受规律支配的人类精神的自律与受制于他人的外在他律区别开来，实际上也就把自律和自由联系起来，因为真正的自律是自己为自身立法并遵守自身的规则。马克思一生致力于追求人的解放，致力于实现人的自由而全面发展自由王国的社会理想。当然，真正的自由并不是无所拘束，人的真正解放与自由是实现了自己为自己立法并自行遵守。从这个意义上讲，真正的道德不是外在的束

---

① 《马克思恩格斯选集》第1卷，人民出版社2012年版，第152页。

缚，而是人内在的自由。

（二）中国古代人才之"德"

中国有深厚的道德传统，作为伦理规则的"德""道"观念，最初都在"天""帝"崇拜背景下，思考如何建立群体良好秩序，在不同的思想碰撞中，逐步走向对于社会政治理想和个人品质的共同追求。中华传统文化的高度的现实关怀特性也使由此形成的社会道德标准始终关切现实，关注百姓的真实感受，并以此作为调整自身的标准之一。这也促使与治国理政紧密相关的人才领域，将道德修养视作首要标准。并且，在儒家思想的影响下，对于道德的追求贯穿了中国的人才选拔制度发展历程。

历史上对于选拔人才是否需要考量道德标准的争论记载很多，南北朝时期西魏苏绰总结统治经验的"六条诏书"中的"擢贤良"就是其中一个。他先用"人君不能独治，故必置臣以佐之。上至帝王，下及郡国，置臣得贤则治，失贤则乱，此乃自然之理，百王不能易也"说明了，群主的统治需要贤能的大臣辅佐。之后，他又针对当时从基层文书工作人员中选拔官员"唯试刀笔"不好的做法进行了批判，如果在擅长文书工作的人士中找到贤良的人才，这就是所谓的黄金般的外表和玉石般的品质，内外皆美，实在是人中的珍宝；如果在擅和文书工作的人中找了一些浅薄虚伪的小人，这就好像在朽木上雕刻图画，只能好看一时，却不能用来充当栋梁使用。

唐代贞观二年，唐太宗"为政之要，惟在得人"的总结，也强调了用人标准："用非其才，必难致治。今所任用，必须以德行、学

第二章
马克思主义理论与任人唯贤的契合性

识为本。"以对德行和学识的考察为主要依据。宋代对于德、才标准的认识，特别是对德、才二者关系的认识，已经相当全面和辩证。司马光认为，首先要弄清才与德是不同的，由于人们弄不清二者的区别，不论是有德还是有才，都被认为是贤人，所以在用人上往往失误。司马光认为："聪察强毅之谓才，正直中和之谓德。"聪慧、明察、刚强、坚毅这一类素质属于"才"，心术端正、诚实正直、中庸适度（不走极端）、宽和仁爱这一类素质属于"德"。司马光又说："取士之道，当以德行为先，其次经术，其次政事，其次艺能。"就是说，选拔人才应当首先看他的行为品德，其次看他的学识理论，再次看他处理行政事务的能力，最后看他的文学水平等。元朝时期，元仁宗在诏书里说："选拔人才'宜以德行为首'，考试应该以经学理论水平为先，文字水平次之。文章浮华无实，我是不取的。"从诏书里可以看出，元代统治者也是懂得"德才兼备，以德为首"这一用人原则的。

自隋唐建立科举制度以后，各代录用官员主要通过科举考试进行，极少再从吏员中选拔。但元代和明初则将选拔吏员作为录用官员的一条重要途径。除此之外，元代高级机关的吏员也多从基层机关的吏员中选拔。当然儒士也是官员和高级吏员的来源之一。元代规定，选拔吏员"以品行纯正恭谨，儒吏兼通者为最好；有才学，办事机敏麻利，行政事务程序娴熟者次之"。儒士们学的是四书五经，只会讲"仁义礼智信"那一套，却不会实际办事，未免酸腐；吏员们对机关运行、行政事务娴熟，打点上下关系游刃有余，却不知古今盛衰兴败的经验教训，不懂为政以德的道理，未免油滑。强调儒吏兼通，又以品行纯正恭谨为优，实际也是"德才兼备，以德为首"精神的很好体现。

明代开国皇帝朱元璋选拔人才注重"德才兼备""以德为先"。他认为，设立科举考试为的是求取天下贤才，一定要得到通晓经书、行为端正、才学与本质相一致的人才，加以任用。而现在有关部门录取的大多是青年后生，看他们的文章像是可以大有作为的，但等到试用他们时，能将所学知识运用到实际工作中去的人却很少……现在全国各地的科举应该暂时停止，另外命令有关部门考察推举贤才，"必以德行为本，而文艺（指文章）次之"，这样才能使天下的学者懂得自己的努力方向，从而使读书人的风气回到务实上来。"一定要得到通晓经书、行为端正、才学与本质相一致的人才，加以任用"，这正是"德才兼备"的要求。考察推荐人才，"必以德行为本，而文艺次之"，这也正是"以德为先"的思想。

清代康熙皇帝非常重视用人，在用人标准上也把握得比较好。他说，"国家用人，当以德器为本，才艺为末""论才则必以德为本"。他在这里强调的主要是德才关系，德和才是本末关系，要坚持以德为主；但"才艺为末"，并不是不要才，只是与德相比，才处于次要位置。明白了德才关系之后，还有个在实际工作中如何考察任用人才的问题。清代有个叫曹一士的官员，雍正时任云南道监察御史。乾隆皇帝即位后，着令群臣轮流到皇帝面前回答有关治国方略的问题。曹一士回答时说，以臣愚见，要想使百姓安居乐业，没有比慎选总督、巡抚更重要的了……督抚之中有贤者也有能者，其中既有贤德又有才能者属于上等，有贤德而才能不足者次之，才能有余而贤德不足者又次之。在曹一士的排序中，正是论述了"以德为先"的用人原则。

（三）马克思主义道德观与中华优秀传统文化重视道德的思想相契合

马克思对道德的研究更多的是侧重于将道德置于历史唯物主义的语境中从宏观上去定位和考察。马克思并没有专门深入地探讨道德现象与道德品质，也没有给出个体道德行为方面的评价体系。中华优秀传统文化中道德资源丰富，而且侧重从个体角度集中论述道德在修身养性、人生追求中的重要作用，强调以德修身，进而实现修齐治平。

在人的道德修为、人的自我完善、人际关系的礼仪规范等方面，中华民族历来强调"做事先做人"，要求做一个善良、勤劳、宽容、诚实、正直、守信的人，所谓"天道无亲，常与善人""欲当大任，须是笃实""仰不愧于天，俯不怍于人""人而无信，不知其可也"。马克思主义与中华优秀传统文化，都高度重视人与人的关系，高度重视人与社会、人与国家的内在联结。

马克思主义从社会关系的角度把握人的本质，中华文化也把人安放在家国天下之中，都反对把人看作孤立的个体。在马克思主义看来，"人的本质不是单个人所固有的抽象物，在其现实性上，它是一切社会关系的总和"[1]。任何人都是处在一定的社会关系中从事社会实践活动的人，社会属性是人的本质属性。由此可见，马克思主义

---

[1] 《马克思恩格斯选集》第1卷，人民出版社2012年版，第139页。

与中华优秀传统文化虽然分别诞生于不同的时空条件下，面对的社会现实和思考解决的问题也有很大的差别，但是二者之间对于道德、社会与实践的认识存在着高度的契合性。这为二者之间在道德理念及其在人才选拔、培养等领域的有机结合做了铺垫。

二、本领过硬

（一）马克思主义要求用科学理论武装头脑

无产阶级解放的伟大事业需要科学的理论指引，掌握马克思主义是对无产阶级干部的必然要求。马克思、恩格斯始终强调理论的科学性和实践性。马克思主义是无产阶级政党的指导思想，无产阶级政党必须时刻以科学的态度坚持和发展马克思主义，树立正确的马克思主义世界观，并在实践中准确践行马克思主义。

对于无产阶级政党而言，加强学习是延续政党生命力的重要途径，也是永葆先进性和纯洁性的先决条件。在长期的无产阶级革命实践中，马克思、恩格斯对党员干部的学习问题进行了大量探索，形成了无产阶级政党重视学习、善于学习的优良传统。早在1848年《共产党宣言》发表之前，马克思、恩格斯就开始思考组建无产阶级政党的问题。在思考组建无产阶级政党时，恩格斯曾经反复提到，党的政论家"需要具有更多的智慧、更明确的思想、更好的风格和更丰富的知识"[1]。为了提高无产阶级干部的理论知识，马克思于

---

[1]《马克思恩格斯选集》第1卷，人民出版社2012年版，第283页。

第二章
马克思主义理论与任人唯贤的契合性

1850年和1851年举办了政治经济讲习班，并在讲习班之外时刻动员无产阶级加强学习。

马克思主义主张干部要能够代表无产阶级的革命立场，代表无产阶级的利益，具有鲜明的无产阶级性质。在《法兰西内战》1891年版导言中，恩格斯回顾巴黎公社的活动，指出当时公社委员中只有少数人比较清楚科学社会主义的基本原理，对理论学习的重要性加以强调。关于学习的内容，马克思、恩格斯认为党员干部不仅要学习研究马克思主义，还要学习科学技术知识、管理知识等，通过学习综合性知识成长为综合型人才，从而成为无产阶级革命坚强的领导力量。

无产阶级的领导者要以科学的态度学习研究马克思主义，必须深入、准确理解作为指导思想的马克思主义的科学性。马克思认为，所有的团体、政党都不可能一开始就清楚地认识到自身的历史使命，必定要经过长时间的学习才能不断地自我提高，尤其是其中的先进分子要接受先进的理论。《共产主义者同盟章程》中就明确规定，参加同盟的每个盟员要自觉用科学共产主义武装头脑，向广大工人阶级"努力进行宣传工作"。

马克思主义的实践性要求干部必须懂得实事求是，不能将其当作公式生硬地套用。马克思主义是具有普遍性、一般性的真理，必须要与具体实际、时代条件相结合才能切实发挥作用。在《共产党宣言》1872年德文版序言中，马克思、恩格斯指出，《宣言》中所阐述的一般原理的实际运用，"随时随地都要以当时的历史条件为转移"[①]。

马克思、恩格斯还强调要善于从自己的错误中学习，反对空洞

---
① 《马克思恩格斯选集》第1卷，人民出版社2012年版，第376页。

读懂任人唯贤

无物的说教；强调应当正确理解马克思主义世界观，把握在每一特定时刻起决定作用的历史事实。恩格斯在《给〈萨克森工人报〉编辑部的答复》中，提出了在党内担任领导职务的理论素养要求。

> 但愿他们能懂得：他们那种本来还需要彻底的、批判性的自我修正的"学院式教育"，并没有授予他们有资格在党内担任相应职位的军官证书；在我们党内，每个人都应该从普通一兵做起；要在党内担任负责的职务，仅仅有写作才能或理论知识，甚至二者全都具备，都是不够的，要担任领导职务还需要熟悉党的斗争条件，掌握这种斗争的方式，具备久经考验的耿耿忠心和坚强性格，最后还必须自愿地把自己列入战士的行列中——一句话，他们这些受过"学院式教育"的人，总的说来，应该向工人学习的地方，比工人应该向他们学习的地方要多得多。①

在这里，恩格斯强调了在无产阶级政党内担任领导职务必须脚踏实地、谦虚谨慎、从头做起，主动接受实践的历练，不断提升自身的马克思主义理论素养。还要坚定对马克思主义的信仰和笃定践行，坚决与曲解、误读甚至背离马克思主义的言行作坚决而彻底的斗争。要虚心向人民群众学习，从群众实践中汲取智慧和力量等。

---

① 《马克思恩格斯选集》第4卷，人民出版社2012年版，第281页。

第二章
马克思主义理论与任人唯贤的契合性

（二）中国古代"唯才是举"的贤能治国实践

我国古代选人用人以德才兼备为最高标准。但是，从历朝历代用人的实践来看，就德才标准而言，"兼备"是一个理想化的难题，只能在相对中把握。选拔官吏的标准更多是根据社会发展需要和统治者的意志，围绕巩固统治政权、提高治国理政能力展开，在推崇贤德的理想之下，对于才能的衡量标准更为明晰。

从上古时期开始，掌握技能的人就往往能获得更多的推崇。如黄帝发明了机杼、车轮，嫘祖会养蚕缫丝，炎帝教人们学会了用火，神农氏发明了农业技术。并且，他们运用自己的能力为部落作出贡献，这被视为高尚的品质。在原始社会举荐首领时，这些才能发挥了重要作用，他们用才能为众人造福，并不是追求"没有载体的虚德"。所以，民主推荐部落首领时，就形成了"选贤与能"的选人标准。

春秋战国时期，适应社会大变革、诸侯争霸称雄的需要，主要的选官标准是唯才是举，举用有才能有谋略的人执政。各诸侯国普遍重视人才，招贤纳士，礼贤下士，重用布衣之士等，千方百计争夺能言善辩、能征善战和治国富民的人才为本国所用。在这一时期，在选人时虽然也强调德行，但实际上是以才为主，因而才挖掘出像管仲这样的人才。

管仲的父亲曾为官员，后来家道中衰，导致管仲生活很贫困。为了谋生，联合好友鲍叔牙合伙做生意。鲍叔牙为人宽厚，对管仲一直很好，在交往中，管仲常常比鲍叔牙多得利，然而鲍叔牙却总是谅解管仲，帮助管仲，从不计较。

读懂任人唯贤

管仲生意做得不成功,后来当兵的时候,临阵脱逃。几次想当官,但都没有成功。总之,他在生活上、事业上都很不如意。公元前674年,齐僖公去世,留下三个儿子:太子诸儿、公子纠和小白。太子诸儿继位以后(就是齐襄公),管仲与召忽辅佐公子纠,鲍叔牙则辅佐公子小白。

后来,齐国发生内乱,一时没有了君主,形势十分混乱。这时齐襄公的两个弟弟公子纠与小白,都想赶回去继承君位。当时的情势是,谁能抢先回国,谁就能当上国君。鲁国支持公子纠,便派兵护送他回国。而小白所在的莒国离齐国比较近,返回齐国会快得多。为了夺得君位,管仲经鲁庄公同意后,便带人埋伏在路旁,以截杀小白,消灭这个竞争对手。当小白经过时,管仲向他射出一箭,一下就射中了小白腰间的衣带勾。聪明的小白就赶忙咬破舌头,口吐鲜血,躺倒在地,装死以麻痹管仲。管仲与公子纠以为小白被射死,便放慢了回国的速度,而小白在鲍叔牙的帮助下,迅速而秘密地回到了齐国,继承了君位,这就是齐桓公。

据《国语·齐语》记载,小白继位后,就要任命鲍叔牙为宰相。鲍叔牙推辞说,我只是您的一个很平庸的臣子。您照顾我,使我不挨冻受饿,就已经很幸运了。如果想要治理国家的话,那就不是我所擅长的,要讲治国之才,就只有管仲了。他诚恳地对齐桓公说,我有五个方面都不如管仲:以宽厚慈惠来安抚民众,我不如他;治理国家不忘根本,我不如他;为人忠实诚信,得到百姓的信任,我不如他;制定礼仪足以使天下效法,我也不如他;立在军门之前擂鼓指挥,鼓舞士气,我还是不如他。

第二章
马克思主义理论与任人唯贤的契合性

听了鲍叔牙这番话，齐桓公说道，管仲用箭射杀我，他是我的仇人啊。言下之意，哪能用这仇人来当宰相呢？

鲍叔牙则认为，这正是管仲忠君事主的表现。于是，在齐国战败之后，管仲得以保全性命，并出任相国，而鲍叔牙则心甘情愿地在管仲手下任职。

据《史记·管晏列传》记载，管仲曾很感动地对人说，当初我贫困时，与鲍叔牙一起经商，自己总是多得利，但鲍叔牙不认为我贪财，而是知道我实在太穷。我曾经几次做官，几次被赶走，鲍叔牙不认为我无能，而认为我没有赶上好的机会；我曾几次参加战斗，几次逃跑，但鲍叔牙不认为我胆怯，而是认为我家中有老母；特别是公子纠失败，我没有自杀，鲍叔牙并不认为我苟且偷生，而是认为我不以小节为羞耻，乃是因功名不显扬于天下为可耻啊，真是生我的是父母，而理解我的是鲍子啊！

鲍叔牙与管仲这种深厚的友谊后来被世世代代传为美谈，并被概括为"管鲍之交"，成了典故。它往往是指知心好友之间互相信任，互相理解，从不计较得失的深厚友情。

管仲在位期间采取了一系列的改革措施，对内发展工商、渔盐、冶铁，按照土地的好坏来征收租赋，主张富国强兵，增强了齐国军队的战斗力。举贤任能，制定选拔人才的制度，整顿行政管理系统，使得行政区域更加精细化，维护了社会稳定。在管仲的辅助下，齐国强大了起来，齐桓公曾先后主持了三次武装会盟、六次和平会盟，还辅助周朝王室一次，对外推行"尊王攘夷"的策略，拥护周天子，实现了"挟天子以令诸侯"，这就是历史上所说的"九合诸侯，一匡天下"。因此齐国成了春秋时期第一个称霸的国家，齐桓公声名赫赫，成为各国诸侯公认的霸主。

这一时期，由于唯才是举，一大批政治家、思想家、军事家、改革家等优秀人才迅速涌现，在历史舞台上展示着各自的才华，也因此而成全了他们在历史上的地位。

西汉选官，开始系统地强调德才兼备，选拔德才各方面比较全面的人执政。如"四科"就规定：

> 一曰德行高妙，志节清白；二曰经明行修，能任博士；三曰明晓法律，足以决疑，能案章覆问，文任御史；四曰刚毅多略，遭事不惑，明足照奸，勇足决断，才任三辅，皆存孝悌清公之行。

三国时期，社会动荡，类似于春秋战国格局的重演，能否取得政权，巩固执政地位，主要看才能。此时适应当时社会发展需要，选拔人才的标准又开始"唯才是举"。其中曹操"唯才是举"的用人观，最为典型。据《三国志·魏书》记载，曹操就对齐桓公不计一箭之仇重用能人，特别是大量重用有才能的布衣之士十分佩服，呼曰："若必廉士而后可用，则齐桓其何以霸世！今天下得无有被褐怀玉而钓于渭滨者乎？"决心效法前贤"唯才是举"，发布求贤令，希望将天下贤能之士"得而用之"。

唐代是人才辈出的时代，强调选拔比较全面的人才执掌政务。选人的标准是"身、言、书、判"，即体魄丰伟，言辞辩证，书法遒

第二章
马克思主义理论与任人唯贤的契合性

美，文理优长，四者均可，则先看德行，德均取才，才均取劳。对在任的官员，以"四善二十七最"评定之。"四善"即：一曰德义有闻，即品德高尚，众所周知。二曰清慎明著，即清廉谨慎。三曰公平可称，即办事公平，可堪称颂。四曰恪勤匪懈，即勤于政事，毫不懈怠。这是对所有官员的普遍要求。"二十七最"是以职业不同划分对二十七种不同职能部门官员能力或治绩的特殊要求，例如，铨衡人物，擢尽才良，为选司之最。扬清激浊，褒贬必当，为考校之最。"四善"为德行，"二十七最"为履行职责的能力。唐代特别重视官德，官员若无"最"，而"善"多，仍可评定为中上。宋元两代多承唐制，略有变革，但基本方针是一致的。

明清两代考选官吏的标准进一步细化。明代通过考满而观绩，通过考察而观德。考察分为八个项目：贪、酷、浮躁、不及（能力不及）、老、病、罢（不勤劳）、不谨。各有处分。清代用"四格""八法"评判官人。"四格"为守、政、才、年。守，操守，分为清、谨、平；政，政绩，分勤、平；才，才能，分长、平；年，年龄，分轻、壮、健。"八法"为贪、酷、不谨、罢软无为、浮躁、才力不及、年老、有疾。其中对贪、酷，行重法。

从以上历代考选官吏的标准中，可以看出，对于德才兼备的理想标准，古代治国理政的实践采取了务实的态度，在实际中求才为上，以才载德。如原始社会初期，只要才为民所用，为社会发展人类进步所用，就是德。秉承乱世尚才，治世尚德，专业尚才，统领尚德，副职尚才，长官尚德等原则，求实才，不求虚德。

根据执政的需要，以能否推动生产力发展为选人的根本标准。

从每个人的实际德才状况出发去选拔那些有大德大才的执政型人才，用其所长，避其所短，达到治国安邦之目的。正如清代诗人顾嗣协《杂兴》诗中的形象表述："骏马能历险，犁田不如牛；坚车能载重，渡河不如舟"。

随着时代的发展，社会的进步，执政的要求越来越高，选人用人标准也在不断完善。历史经验证明，社会安定，生产力发展，人民幸福，关键在人，在于选什么人用什么人，特别是作为执政者更为重要，因为它关系路线、方针、政策的制定和实施，关系到人民的富裕幸福和国家的长治久安。

（三）马克思主义人才理论与中华优秀传统文化重视本领的思想相契合

马克思主义作为科学的世界观和方法论，其关于人的自由全面发展的理论，内在地包含了对个体能力和素质的重视。在中华优秀传统文化中，将任人唯贤作为选拔人才的重要原则，同样体现了对本领和才能的高度重视。两者在强调人才选拔应基于实际能力和德行修养方面的共同价值追求以及这种契合，对于当代社会人才发展和社会进步具有重要意义。

在马克思主义看来，人才是推动社会变革和发展的重要力量，因此，选拔和培养具有真才实学的人才至关重要。这种对本领的重视，不仅体现在对知识的追求上，更包括实践能力和创新精神的培养。在中华优秀传统文化中，任人唯贤强调在选拔人才时应以品德和才能为标准，摒弃血缘、地位等外在因素的干扰。这一原则体现

第二章
马克思主义理论与任人唯贤的契合性

了对人才内在素质的重视，认为只有具备高尚品德和卓越才能的人才能胜任重要职位，为国家和社会作出贡献。

无论是马克思主义还是中华优秀传统文化中的相关理念，都强调实践的重要性。它们都认为，只有通过实践才能检验一个人的真实能力和品德，也只有在实践中才能不断提升本领、完善自我。这种实践导向的共通性，为当代社会的人才选拔和培养提供了重要指导。

马克思主义与中华优秀传统文化在重视本领方面有着共同的价值追求，即都强调人才选拔应基于实际能力和德行修养。这种契合反映了两者在人才观上的高度一致，两者相互补充、相互促进，共同推动了人才选拔和培养理念的进步。

马克思主义与中华优秀传统文化在重视本领意识上存在着显著的契合性，体现了两者在人才观上的高度一致。这种契合不仅丰富了马克思主义的理论内涵，也为中华优秀传统文化的传承和发展注入了新的活力。

在历史唯物主义和唯物辩证法的指导下，中国共产党坚持以史为鉴，按照革命、建设和改革要求，适时选人，适才拟职，做到人岗相宜，造就了一批高素质专业化的干部人才队伍。在实践过程中，西方人力资源相关理论的优秀成果也对我们党的人才思想的创新发展起到了方法论、经验、工具等方面的启示与借鉴作用。如在人才标准方面，戴维·麦克利兰的《测量胜任力而非智力》，为胜任特征理论奠定了理论基础，可以为我们党在人才标准制定、人才测评等方面提供一定借鉴。西方人力资源相关理论作为人类文明成果之一，对充实和发展我们党的人才思想的理论和实践体系，但也应当看到，这些来自西方的人力资源相关理论根植于西方资本主义制度下，其本质反映的是资本主义生产关系。这与我们党的人才思想所坚持的马克思主义基本原理以及人民至上原则有着本质的区别。因此，立足于我国实际，运用马克思主义唯物辩证法对其有益的成果加以借鉴吸收，对于糟粕的部分应予批判摒弃。

第三节　马克思主义的民主集中制
与任人唯贤思想相契合

民主集中制是马克思主义政党的根本组织原则，强调实现民主与集中的和谐统一，既尊重个体权利与意见，又确保集体行动的高效与统一，这本质上是对公平正义的一种追求与实现方式。中华优秀传统文化中的任人唯贤思想，内含倡导社会和谐与人人平等的公平主义观。两者虽源自不同时空背景，但在追求社会公正、促进人类共同进步的目标上殊途同归，体现了跨越时空的智慧共鸣与价值观共鸣，在核心理念上展现出深刻的契合性。

一、马克思主义的民主集中制原则

民主集中制是马克思主义建党学说的重要内容，是我们党的根本组织原则和领导制度。无产阶级政党的创始人马克思、恩格斯，在《共产主义同盟章程》《国际工人协会共同章程》等章程和组织条例中明确规定了实行民主集中制的重要原则。比如，规定"区部委员会和中央委员会的委员任期为一年，连选得连任，选举者可以随

读懂任人唯贤

时撤换之"①。

强调干部选拔通过选举产生，是马克思关于无产阶级干部队伍建设的重要观点。在领导共产主义同盟的革命武装时，马克思、恩格斯就强调革命中的指挥官和总参谋部应该由工人自己选出，"凡事国家出钱雇佣工人做工的地方，工人们都应该武装起来，组成由他们自己选出的指挥官指挥的独立军团，或者组成无产阶级近卫军的支队"②。

马克思在《法兰西内战》中提出，工人阶级为了不致失去刚刚争得的统治，一方面应当铲除全部旧的、一直以来被利用来反对工人阶级的压迫机器，另一方面还应当保证本身能够防范自己的代表和官吏，即宣布他们毫无例外地可以随时替换。文章分析了巴黎公社预防国家公仆变成国家主人的一系列方法，强调国家公务人员与其他工人同酬。另外，巴黎公社的全体的公职人员并没有所谓的"特权"，例如，禁止利用职权无偿地居住高等楼房以及不能够乘坐豪华马车，等等。在对巴黎公社的干部管理体系以及相关经验进行总结基础上，马克思分析了无产阶级的政权争夺获取胜利之后，应该怎样避免人民公仆变成社会主人的问题。进一步强调了干部管理制度的重要性，以制度来进行干部管理和公务人员管理。

无产阶级干部是社会公仆、人民的勤务员，所以他们必须经由人民群众选举产生，置于人民群众的监督之下，不称职的将随时给予撤换，领取的报酬应是低薪金的。马克思对巴黎公社对干部的监

---

① 《马克思恩格斯全集》第 4 卷，人民出版社 1958 年版，第 574 页。
② 《马克思恩格斯选集》第 1 卷，人民出版社 2012 年版，第 560 页。

第二章
马克思主义理论与任人唯贤的契合性

督制、罢免制的肯定，也使马克思进一步提出了人民对干部的罢免权，体现了马克思关于干部队伍建设的民主思想。这种制度，将使干部无法像旧制度和旧国家时期一样，为了实现某种"特权"和特殊利益而利用职务之便谋取私利，最终致使人民公仆丧失先进性，沦为"社会主人"。只有在实践中通过考察和人民罢免，将那些不适合干部岗位的人撤换，才能使普选制得到落实。

马克思、恩格斯早在创立无产阶级政党的实践中，就规定了上述无产阶级干部的管理制度，后来根据巴黎公社的斗争经验，又进一步强调并系统地阐述了这些基本管理制度，形成了按照干部的"进""用""出"三个阶段实施干部管理工作的制度框架。

马克思、恩格斯在开展国际无产阶级解放斗争的活动中，为无产阶级干部的指挥、决策工作制定了集体领导的原则，成为各级干部必须遵循的最高领导原则。集体领导原则以民主为基础，目的在于经过充分的民主讨论形成正确的集体领导意志。集体领导原则是与工人阶级团体组织中个人独裁、个人决定一切的领导方式根本对立的，是对工人领袖人物推行个人专断的否定。

列宁强调，建立统一的因而也是集中制的党，党必须实行严格的集中，以保证党的集中统一去战胜敌人，使党得以生存发展。1906年4月，在俄国社会民主工党的第四次代表大会上，民主集中制作为无产阶级政党的一个根本原则被载入党章，后来又被推广到世界各国共产党的建设中，成为指导无产阶级政党建设的普遍原则。

在资本主义不发达的俄国取得社会主义革命胜利后，要顺利地向社会主义社会过渡，需要依靠党的领导和无产阶级专政的国家机器的良性运转。因此，加强国家机关建设，制定国家机关干部的管理法规，成为一个关键环节。列宁为国家机关干部的管理法规先后制定了责任制度、会议制度、文牍制度、考试录用制度、信访制度、工作检查和报告制度、监督制度等。

二、任人唯贤思想中的公平公正观

汉代以后，随着儒家思想逐渐占据主导地位，贤能政治的思想也逐渐在人才选拔方面落实为贤能推举制度和科举考试制度，人才选拔至少从形式上渐趋公平与公正。

汉代的贤能选拔主要通过征辟和察举来实现。征是皇帝征聘社会知名人士到朝廷充任要职。辟是中央政府高级官员或地方政府负责人征聘属吏，然后向朝廷推荐，经朝廷同意后直接成为政府官员。察举是沿用古代"乡举里选"的传统，由地方政府在各自辖区内随时考察、选取政府所需的人才，推荐给中央政府选用，所以又叫荐举。这些被推荐的人才经过试用考核，被任命官职。朝廷察举人才有许多名目，如贤良方正（品德贤良、行为端正），能言极谏，孝廉，茂才，等等。地方长官对察举有很大权力，但地方豪族势力也有相当牵制作用，出身贫贱而有才德者不一定能通过察举推荐，虽无德无才但出身豪门者往往得到任用。

魏晋南北朝时期察举孝廉、秀才，要经过朝廷考试，孝廉试经，秀才试策，选官制度逐渐形成九品官人法。曹操提出"唯才是举"的用人方针。曹丕即位后，陈群提出九品官人法，由郡太守选

第二章
马克思主义理论与任人唯贤的契合性

置中正官,按"身、德、材、行"几个方面品量人物。司马氏取代曹魏政权后,中正官由中央选派的官员主管原籍各类人物的评议。将品评人物分为上上、上中、上下、中上、中中、中下、下上、下中、下下九个等级(九品),按品级推荐给朝廷。西晋以后,儒学衰落,中正官品量人物以门第出身为唯一标准,推荐的人选多是士族子弟,形成"上品无寒门,下品无士族"的由士族地主阶层垄断选举的局面。

隋唐时期,儒学渐次复兴,人才选拔逐渐以科举考试制度取代九品中正制度。宋代对科举考试制度从内容和形式两方面进行较大幅度改革,放宽录取和任用范围,进士分为三等,一等称"进士及第",二等称"进士出身",三等称"同进士出身"。同时正式确立州试、省试和殿试的三级科举考试制度。这种制度基本延续到清代。宋代读书人不论贫富贵贱都可以参加考试,许多平民知识分子通过科举考试进入政府部门,在人才选拔的公平公正方面也大大超过前代。

科举考试一般只是初级人才的选拔。在官员的进一步任用和升迁方面,宋明两代都流行推举和考核制度。官员在一定岗位上任满一定年限,就面临转官或升迁,一般由吏部进行考核,也称"磨勘",更重要的职位则由朝廷重臣推荐,由皇帝最后决定任用。明代的会推制度实行范围更广,一般部以上官员职位要由中央各部和地方主要官员推荐,吏部要把多数人推荐的人选提供给皇帝考虑。考核的标准当然是要求德才兼备的贤能官员,但在官员的选拔任用过程中,朝廷重臣和皇帝个人的决定权依然很大,许多情况下不能保证被任用的官员都是优秀的贤能俊杰。在古代官员任用的实践中，还存在被儒家称为"恶习"的"内批"制度，"内批"就是皇帝撇开组织考核程序，由皇帝个人直接任命官员。对于皇帝凭个人好恶直接批用官员的做法，历代大儒如朱熹等都深恶痛绝，坚决反对，要求官员选拔要严格按照考核程序，但历代儒家的努力似乎并不能有效地防止君主个人的独裁意志，这成为中国古代人才选拔方面最大的弊病。

当今中国的人才选拔制度继承了古代选贤任能的传统，如果不考虑具体内容，至少从形式上继承了古代推举和考试的优良传统，并不断加以完善，逐渐形成具有中国特色的选贤授能的民主制度。现在的公务员选拔基本通过考试进行，"逢进必考"已经成为普遍共识。

当今的贤能推举制度不断加以改进和完善，通过采取有效的制度措施摒除传统贤能推举制度中的弊病与恶习，借鉴当代世界人才选拔体系的优长，从具体实践中总结经验，形成具有中国特色和优势的人才选拔制度。

在当代中国社会公正问题的求解上，中国共产党人始终坚持考察社会公正问题的历史唯物主义方法，以马克思主义社会公正观为指导，在中国特色社会主义的实践中不断推动社会公正问题的解决，并以此丰富和拓展马克思主义社会公正观的广度和深度。这些公平正义导向一方面体现在选拔干部人才时的标准制定的公平和程序正义等，另一方面体现在干部人才投身社会主义建设事业中对于多方面问题的回应。以理想性和现实性的统一为基本原则，把马克思主义的公正理想和中国特色社会主义初级阶段的现实结合起来寻求现实公正问题的破解之道。以社会主要矛盾为问题切入，把握现实公正问题的独特内涵。以共同富裕为基本导向，把人民作为社会公正实现的主体。以全面深化改革为根本动力，不断满足人民对美好生活的需要。

三、马克思主义建党学说与中国古代公平正义观的融合发展

马克思主义民主集中制作为无产阶级政党的根本组织原则和领导制度，其核心在于将民主与集中有机结合，既充分发扬党内民主，激发全党的创造活力，又确保全党在思想和行动上的高度统一。这一制度在革命、建设和改革的各个历史时期，为中国共产党制定正确的路线方针政策、巩固和壮大党的组织提供了重要保障。

中国古代文化博大精深，其中蕴含着丰富的公平正义思想。从儒家的"仁者爱人""天下为公"，到道家的"无为而治"，再到墨家的"兼爱非攻"，各家各派虽侧重点不同，但都强调了对公平正义的追求。任人唯贤思想不仅是中华优秀传统文化的重要组成部分，也为后世追求公平正义提供了宝贵的思想资源。

马克思主义民主集中制强调集体领导与个人分工相结合，既尊重个体意见，又注重整体利益；中国古代公平正义观则主张"大道之行也，天下为公"，追求社会的和谐与公正。两者在价值追求上高度契合，都强调整体利益高于个人利益，追求社会的公平与正义。

在实际应用中,马克思主义民主集中制与中国古代公平正义观也实现了深度融合。在中国共产党的领导下,民主集中制不仅被用作党的根本组织原则,还贯穿于国家治理和社会管理的各个方面。同时,中国古代公平正义观中的"仁爱""公正"等理念也被融入现代社会的法律体系、政策制定和道德建设中,成为推动社会公平正义的重要力量。

马克思主义的民主集中制与任人唯贤中的公平正义观相契合,是中国共产党在领导革命、建设和改革过程中不断探索和实践的结果。相契合才能有机结合。正是在这个意义上,我们才说中国共产党既是马克思主义的坚定信仰者和践行者,又是中华优秀传统文化的忠实继承者和弘扬者。

第三章

中国共产党对任人唯贤的不懈求索

第三章
中国共产党对任人唯贤的不懈求索

党的二十大报告中多次提到人才问题,不仅对"实施科教兴国战略,强化现代化建设人才支撑"进行专门谋划,而且在"建设堪当民族复兴重任的高素质干部队伍"一节中指出要抓好后继有人这个根本大计,"坚持党管干部原则,坚持德才兼备、以德为先、五湖四海、任人唯贤,把新时代好干部标准落到实处。树立选人用人正确导向,选拔忠诚干净担当的高素质专业化干部,选优配强各级领导班子"。正是因为对"任贤必治,任不肖必乱"的历史规律有着深刻的认识,中国共产党历来高度重视选人用人问题,不同时期都赋予了任人唯贤非常具体的时代价值与意义。

第一节　新民主主义革命时期践行任人唯贤

新民主主义革命时期，中国共产党卓有成效地解决了干部队伍建设问题，保证了新民主主义革命的胜利。以毛泽东同志为主要代表的中国共产党人提出了任人唯贤的干部路线和"才德兼备"的干部标准，提出首先从思想上建党，同时从组织上建党。创造了整风运动这种普遍深入的马克思列宁主义教育的形式，卓有成效地解决了干部队伍建设问题，保证了新民主主义革命的胜利。

毛泽东在领导中国革命和建设的实践中，为保证党的奋斗目标的实现，积极践行任人唯贤的宗旨，大力建设德才兼备的干部队伍，并在干部的选拔、使用、培养等各个方面，总结和积累了丰富的经验，形成了一套完整的理论、路线、政策和原则。

一、中国共产党成立初期对任人唯贤的探索与实践

五四运动中，工人阶级登上历史舞台，并在五四运动后期开始担当主力军。自此之后，工人阶级开始领导中国革命，开启了中国民主革命的新的历史阶段，即新民主主义革命。一些具有初步共产主义思想的知识分子认识到了工人阶级的伟大力量，开始了马克思

第三章
中国共产党对任人唯贤的不懈求索

主义与工人运动相结合的进程,为中国共产党的诞生奠定了理论和思想基础。五四运动后期,马克思主义和工人运动相结合的实践为中国共产党培养和锻炼了早期的干部队伍。那时,工人运动中培养了大批拥有革命崇高理想和运用马克思主义理论指导实践的革命骨干。

1921年7月中国共产党诞生,自成立之时,中国共产党就是按照列宁的建党原则建立起来的,这对党的干部队伍建设具有重大意义。首先,民主集中制的组织原则对党员和干部在组织性纪律性方面有严格要求,要求个人服从组织、少数服从多数、下级服从上级,全党服从中央,自觉地执行党的决议。同时,每个党员都必须参加党的一个组织并在其中生活,这一列宁反复强调的原则,使党员在严格的组织生活以及批评与自我批评中,受到党性方面的深刻锻炼。

在党的第一次全国代表大会上,通过了《中国共产党第一个纲领》(以下简称《纲领》)和《中国共产党的第一次决议》。《纲领》规定:"凡有党员五人以上的地方,应成立委员会。"凡是党员不超过十人的地方委员会,应设书记一人。超过十人的应设财务委员、组织委员和宣传委员各一人。超过三十人的应从委员会的委员中选出一个执行委员会。"在委员会人数超过五百或同一地方有五个委员会时应成立执行委员会。全国代表会议应委派十人参加该执行委员会。"大会选举3人组成中央局,书记、宣传主任、组织主任各一人。《纲领》还规定了入党条件、接收党员手续、党的组织结构和党的组织工作制度等。为了保证党的先进性,大会十分注意党员的质量。大会"决定接受党员要特别谨慎,严格审查"。还规定申

读懂任人唯贤

请入党的人，不得具有非共产主义的思想倾向。党一成立就投入实际的工人运动，投入了尖锐激烈的革命斗争，这和欧美各国共产党经过长期和平发展才领导革命斗争有很大不同。在面向强大对手的多次工人大罢工中，党的干部和群众中的领袖人物很快脱颖而出，迅速成长。

党的二大制定了第一个比较完整的《中国共产党章程》，选举产生了中央执行委员会，健全了党的中央机关。《中国共产党章程》第一次比较系统、具体地规定了党内政治生活的基本准则，为把党建设成为工人阶级先锋队奠定了组织基础。二大党章依照民主集中制的原则，严格规定了党的组织纪律和党内生活准则。党章在强调党员个人服从党的组织，下级机关服从上级机关，全党服从中央的同时，还明确规定了少数服从多数的原则，使党内的集中建立在充分的民主基础之上。

党的二大通过的党章和《章程决议案》，对于党的干部队伍建设的巩固和发展起了重要作用。中国共产党成立以后，党的干部队伍不断巩固和壮大，并始终保持着统一，同建党一开始就重视干部队伍建设，并规定了严格的党内政治生活准则和纪律是密切相关的。党的二大进一步把马克思主义建党学说同中国共产党的建设实践结合起来，在中国建立起一个用马克思主义理论武装的，有明确纲领和章程的，有全国组织系统和一定规模的、新型的无产阶级革命政党。

党的二大以后，为了大力开展工人运动，中国共产党成立中国劳动组合书记部，掀起了中国工人运动的第一次高潮。工人运动中

第三章
中国共产党对任人唯贤的不懈求索

涌现出一批优秀人物,如苏兆征、史文彬、项英、邓培、王荷波等,他们先后参加了党,充实了党的干部队伍。这一时期出现了中国工人阶级和中国共产党最早的烈士,如黄爱、庞人铨、林祥谦、施洋等的英勇牺牲,从一开始就为我们党的干部队伍树立了杰出的榜样。

第一次国内革命战争时期,党从只有50多人的小团体,发展到拥有5万多党员、遍布全国的党,在党的干部队伍建设上取得相当大的成绩。但刚刚成立不久,还处于幼年时期的中国共产党对中国的历史状况和社会状况,对中国革命的特点和中国革命的规律都懂得不多,对马克思列宁主义的理论和中国革命的实践还没有完整的、统一的了解,毛泽东在《学习共产党人〈发刊词〉》中指出:"在这一阶段中,党的组织和干部队伍是发展了,但是没有巩固,没有能够使党员、党的干部在思想上、政治上坚定起来。新党员非常之多,但是没有给予必要的马克思列宁主义的教育……党内涌出了很多的活动分子,但是没有来得及造成党的中坚骨干……"

这一时期,党领导下的农民运动的发展涌现出一批农民运动领袖,开办农民运动讲习所,培养了一批农民运动的骨干力量。同时,以国共合作为基础,参与创办了黄埔军校。周恩来担任黄埔军校政治部主任,中国共产党从各地选派了大批党团员到黄埔军校学习,为党培养了一批军事干部。

二、土地革命战争时期对任人唯贤的探索与实践

大革命失败后,党的工作重心由城市转移到农村,在创建红军、

读懂任人唯贤

建立红色政权和革命根据地、领导农民进行土地革命的过程中，党的干部队伍建设也进入新的阶段。在农村和敌人四面包围的革命战争条件下建设工人阶级政党，是一件在国际共产主义运动中没有先例的事情，随着红军和农村革命根据地的不断发展，党内农民和其他小资产阶级分子出身的成员数量不断增加，各种非无产阶级的思想对于执行党的正确路线妨碍极大。能否在农村环境中保持党的干部队伍的无产阶级先锋队性质，关系党能否在农村站住脚，能否把党开创的农村包围城市的道路坚持下去的大问题。

以毛泽东为代表的中国共产党人，扎根农村，把马克思列宁主义关于暴力革命的理论和十月革命经验，同中国革命的具体实践结合起来，总结井冈山革命根据地斗争的经验教训，把武装斗争、土地革命、党的建设和建立、巩固农村革命根据地结合起来，创立了农村包围城市、武装夺取政权的革命道路，创造性地提出了适合中国特点的建党路线和干部路线。

在中国历史上，曾有不少践行任人唯贤的英明君主，也有不少唯亲是举、信任重用奸佞小人的昏庸统治者。谙熟中国历史的毛泽东，借鉴古代政治家的用人之道，总结中国共产党的实践经验，在选用干部的问题上，提出并一贯坚持任人唯贤，反对任人唯亲。毛泽东指出："在这个使用干部的问题上，我们民族历史中从来就有两个对立的路线，一个是'任人唯贤'的路线，一个是'任人唯亲'的路线。前者是正派的路线，后者是不正派的路线。"[①]

要任人唯贤，首先要识贤才，只有"知人"，才能"善任"。

[①]《毛泽东选集》第2卷，人民出版社1991年版，第527页。

第三章
中国共产党对任人唯贤的不懈求索

毛泽东同志强调：要"善于识别干部。不但要看干部的一时一事，而且要看干部的全部历史和全部工作，这是识别干部的主要方法。"①

识人之长，用人之长，是毛泽东选用干部的重要思想。在毛泽东的领导下，许多有用之才脱颖而出。罗荣桓就是一例。罗荣桓在武昌中山大学读书时，加入共产党。1927年大革命失败之际，他在鄂南组织农民自卫军，担任自卫军党代表，因为他是大学生，又兼管帐。秋收起义后，部队中不少人逃跑，罗荣桓坚定地留了下来，毛泽东赏识这位革命意志坚定的大学生，任命他为特务连党代表。在开辟井冈山根据地的斗争中，毛泽东进一步发现罗荣桓许多可贵的素质：凡是要求战士做到的，他自己首先做到。打仗时冲锋在前，退却时掩护在后，行军时为病号扛枪，宿营时下班查铺，吃饭时带党员出去站岗放哨。罗荣桓以自己的模范行动，成为战士的知心朋友。他担任三十一团三营党代表后，由于工作出色，三营成为一支拖不垮、打不烂的"铁军"。后来，毛泽东亲率三营南下接二十八团，行程数百里，打了十几仗，三营没有一个开小差的。

八七会议批评了陈独秀右倾机会主义错误，确定实行土地革命和武装反抗国民党反动派的总方针。从此开始了由大革命失败到土地革命战争兴起的历史性转变。不久，毛泽东率领的秋收起义部队经三湾改编，进军井冈山，创建了第一块革命根据地。同时，逐步确立了"支部建在连上"的制度和军队内部的民主制度，并在军队各级建立起党委。

古田会议决议在突出党的思想建设的同时，也特别强调了党的

---

① 《毛泽东选集》第2卷，人民出版社1991年版，第527页。

读懂任人唯贤

组织建设的重要性。这一决议从理论上、实践上回答了在党员大部分出身于农民和小资产阶级的情况下，在残酷的武装斗争环境中，如何加强无产阶级政党的建设和新型人民军队建设这一根本问题，是党在整个民主革命时期具有重大历史意义的会议之一，对于干部队伍建设来说，更具有里程碑式的意义。此后，党的建设和干部队伍建设得到了加强，红军到哪里，就在哪里发动土地革命，摧毁封建制度，使广大农民从政治上经济上获得解放，使党获得了深厚的群众基础，进而使红军和根据地得到了巩固和发展。

毛泽东在《古田会议决议》中总结红军和根据地党的干部队伍建设的经验教训，突出地强调了加强党内的无产阶级思想领导和思想教育、纠正党内各种非无产阶级思想的问题。毛泽东认为党内存在不正确思想的原因，一是由于"党的组织基础最大部分是由农民和其他小资产阶级出身的成分所构成的"[1]，二是由于"党的领导机关对于这些不正确的思想缺乏一致的坚决的斗争，缺乏对党员作正确路线的教育"[2]。纠正这些错误思想，关键是要重视从思想上建设党，保持党在思想上政治上的先进性。

毛泽东在使用干部上，主张人尽其才，放手使用。为了发挥干部的长处，他在选人用人上不拘一格。在强调遵守纪律，服从组织分配的同时，毛泽东容许毛遂自荐。他反对论资排辈，主张大胆起用在斗争中涌现出来的比较年轻的杰出人才。毛泽东曾赞扬三国时孙权重用周瑜。在新民主主义革命时期，毛泽东重用过许多比周瑜

---

[1]《毛泽东选集》第2卷，人民出版社1991年版，第85页。
[2]《毛泽东选集》第1卷，人民出版社1991年版，第85页。

第三章
中国共产党对任人唯贤的不懈求索

还年轻得多的人。毛泽东还反对唯文凭选才,崇尚真才实学。对进过高等学府的人能用其所长,对自学成才的人也非常赏识。田家英没有什么文凭,全靠刻苦勤奋成为一个才子。田家英二十六岁时,毛泽东就选他担任自己的秘书。

毛泽东发现罗荣桓是个做政治工作的好人才,经过毛泽东的介绍,罗荣桓以一个下层政工干部的身份在红四军党的第九次代表大会上当选为前委委员。据罗荣桓的夫人林月琴回忆,若干年后毛泽东还曾感慨地说:"荣桓同志是个老实人,而又有很强的原则性,能顾全大局,一向对己严,待人宽,做政治工作就需要这样的干部。"1930年夏初,毛泽东选中罗荣桓为红四军政委,到任以后,罗荣桓在红四军开展了既生动活泼又扎扎实实的政治工作,使全军指战员始终保持了高昂的战斗情绪。罗荣桓对军事训练、后勤工作也抓得井井有条。罗荣桓后来历任八路军一一五师政委、第四野战军政委、中央军委总政治部主任,成为人民军队政治工作的巨匠,是军队政工干部中唯一获得元帅军衔的人。

长征途中,遵义会议解决了当时具有决定意义的军事路线问题和组织问题,确立了毛泽东同志在全党的领导地位,挽救了红军,挽救了党,挽救了中国革命。遵义会议是中国共产党幼稚走向成熟的标志。在遵义会议上,以毛泽东同志为主要代表的中国共产党人独立自主地纠正了党在军事指挥和军队工作指导上的"左"倾路线,制定了符合中国革命实际的正确的军事路线,独立自主地更换了党和红军的主要领导人,从而解决了当时中国革命面临的最重要的问题。

从大革命失败到土地革命后期,是中国共产党干部队伍建设发展历程中最为艰难的一段。但是,这个时期党的干部队伍,由于有了胜利和失败正反两个方面的经验,对于中国的历史状况和社会状况、中国革命的特点和规律有了进一步的了解,党的干部更多地领会了马克思主义的理论,更多地学会了将马克思列宁主义的理论和中国革命的具体实践相结合,所以,党的组织和党的干部队伍不仅在长征后重新发展了,而且得到了巩固。大批干部重新在党内涌现,而且成为党的中坚骨干,党开辟了农村包围城市,武装夺取政权的道路,创造了坚强的人民军队。遵义会议确立了以毛泽东同志为代表的党中央的正确领导,为新民主主义革命在中国的胜利提供了坚强保证。这一时期的艰难曲折对干部锻炼成长的意义是非凡的,经过长征考验的共产党员和红军将士,后来有许多成为治党治国治军的骨干。这时我党已经有了一整批百炼成钢的职业革命家,这批职业革命家,作为干部队伍的核心和楷模,对于新民主主义革命时期,我们党成功解决干部队伍建设问题,意义重大。这一时期党的干部队伍建设,还紧紧抓住了如何在农村环境中建设无产阶级的先锋队的问题,找到了解决的办法,意味着中国共产党在干部队伍建设上已迈出重要的一步。

三、抗日民族统一战线中对任人唯贤的探索与实践

毛泽东在选用干部的问题上,坚持任人唯贤,反对任人唯亲。毛泽东在青年时期组织新民学会时就指出:改造中国与世界的大业,

第三章
中国共产党对任人唯贤的不懈求索

绝不是少数人就可以包办的。他在担任党的领导职务后，一直十分重视骨干力量的培养。

1935年12月，党中央在瓦窑堡召开了中央政治局扩大会议，不失时机地制定了建立抗日民族统一战线的策略路线，为打败日本帝国主义的侵略创造条件。此后，经过西安事变，以第二次国共合作为基础的抗日民族统一战线逐步形成。与此同时，党明确了自己在当时的中心任务就是牢牢掌握抗日民族统一战线的领导权，夺取抗日战争的最后胜利。围绕这个中心任务，在斗争中放手发展壮大党组织及其领导下的抗日军队，同时注意纯洁党的组织。瓦窑堡会议强调，完成党的伟大政治任务，"必须大数量的培养干部，党要有成千成万的新干部"，"没有很多的与很好的干部作中枢"，要领导最广大群众走上民族革命与土地革命的战争，"是不能成功的"。遵义会议后的党中央总结了"左"倾路线对干部"残酷斗争""无情打击"的惨痛教训，着重指出"正确的组织路线与干部政策，是完成这个任务的前提"。在培养干部中，要注重实践，"使他们从斗争中去学习"。应该爱护干部，信任干部，充分发挥他们的"天才和自动性"，对干部在思想上、工作上的错误，不能轻易地给予打击，扣上"机会主义"的帽子，轻易地处罚他们，而要给以耐心地一次又一次的说服教育。

在长期的革命和建设时期，毛泽东非常重视干部的作用。他在党的六届六中全会上指出："政治路线确定之后，干部就是决定的因素。"[1] 在给党的全国代表会议作结论时，毛泽东强调："指导伟大的

---

[1] 《毛泽东选集》第2卷，人民出版社1991年版，第526页。

革命,要有伟大的党,要有许多最好的干部。……我们党的组织要向全国发展,要自觉地造就成万数的干部,要有几百个最好的群众领袖。"[1]

在思想上,毛泽东多次强调干部的作用。在实际的生活中,毛泽东也积极关心干部。对于关心爱护干部,毛泽东曾语重心长地说:"必须善于爱护干部。爱护的办法是:第一,指导他们。这就是让他们放手工作,使他们敢于负责;同时,又适时地给以指示,使他们能在党的政治路线下发挥其创造性。第二,提高他们。这就是给以学习的机会,教育他们,使他们在理论上在工作能力上提高一步。第三,检查他们的工作,帮助他们总结经验,发挥成绩,纠正错误。有委托而无检查,乃至犯了严重的错误,方才加以注意,不是爱护干部的办法。第四,对于犯错误的干部,一般地应采取说服的方法,帮助他们改正错误。只有对犯了严重错误而又不接受指导的人们,才应采取斗争的方法。在这里,耐心是有必要的;轻易地给人们戴上'机会主义'的大帽子,轻易地采用'开展斗争'的方法,是不对的。第五,照顾他们的困难。干部有疾病、生活、家庭等项困难问题者,必须在可能限度内用心给以照顾。这些就是爱护干部的方法。"[2]

毛泽东还提出:"不但要关心党的干部,还要关心非党的干部。党外存在着很多的人才,共产党不能把他们置之度外。去掉孤傲习气,善于和非党干部共事、真心诚意地帮助他们,用热烈的同志的

---

[1]《毛泽东选集》第1卷,人民出版社1991年版,第277页。
[2]《毛泽东选集》第2卷,人民出版社1991年版,第527页。

第三章
中国共产党对任人唯贤的不懈求索

态度对待他们,把他们的积极性组织到抗日和建国的伟大事业中去,这是每一个共产党员的责任。"①

毛泽东爱护干部思想的基本精神,就是要采取积极的态度,想方设法为干部的迅速成长和发挥作用创造必要的条件,使党的事业日益兴旺发达。毛泽东非常重视对干部的指导和提高,并为此付出了巨大的精力。在领导中国革命和建设的长时期中,凡属重大问题,毛泽东和他的战友们总是在认真商讨后,给下级作出明确的指示,耐心回答下级提出的问题,使下级明确工作的方针、政策和原则,把握工作的方向。并注意总结和推广工作经验,不断地教育提高干部。毛泽东的著作和他为中央起草的大量文件,就是他指导、教育和提高干部的光辉的记录。中国共产党的干部,正是在毛泽东思想的哺育下,一批又一批地成长起来的。

毛泽东对在工作中受到挫折的干部,采取关怀理解的态度。1937年夏,原西路军总指挥徐向前艰难地回到延安。当时,一些人埋怨徐向前把几万人马都搞光了,一个光杆司令还回来干什么?毛泽东认为,世界上没有常胜将军,西路军的失败是许多复杂的情况造成的,决不能怪徐向前。他接见徐向前时爽朗地说:"留得青山在,不怕没柴烧,你能回来就好,有了鸡何愁蛋呢!"

徐向前被毛泽东充满信任、关怀、爱护的话感动得热泪盈眶,一下卸掉了"包袱",他重返前线后,一如既往地努力为党工作。半年后,刘伯承、邓小平、徐向前领导的太行山地区部队,由几千人壮大到几万人。在抗日战争、解放战争中,徐向前为革命披荆斩棘,

---

① 《毛泽东选集》第2卷,人民出版社1991年版,第526页。

读懂任人唯贤

作出了历史性的贡献。

对犯错误的干部,毛泽东主张采取关心爱护和帮助的态度。他认为,任何个人,错误总是难免的,只要他改正,还是好同志。好意对待犯错误的人,可以得人心,可以团结人,对于革命来说,总是多一点人好。因此,毛泽东对待犯错误干部的方针是"惩前毖后、治病救人"。毛泽东指出:"任何犯错误的人,只要他不讳疾忌医,不固执错误,以至于达到不可救药的地步,而是老老实实,真正愿意医治,愿意改正我们就要欢迎他,把他的毛病治好,使他变为一个好同志。"[1] 在毛泽东这一方针的指导下,党帮助许多同志改正了错误,其中有不少人重新被提拔重用,成为贯彻执行党的路线和方针、政策的领导骨干。

1937年7至8月间,毛泽东在延安抗日军政大学讲授哲学,写成《实践论》和《矛盾论》。这两篇著作是为了从思想路线的高度克服存在于党内的严重的教条主义倾向而写的,是具有深远指导意义的马克思主义哲学著作,它们为形成中国共产党干部队伍马克思主义的和有自己特色的实事求是的思想路线和思想方法奠定了理论基础。

1938年10月,毛泽东在党的六届六中全会上提出:"十七年来,我们党已经培养了不少的领导人才,军事、政治、文化、党务、民运各方面,都有了我们的骨干。""但是,现有的骨干还不足以支撑斗争的大厦,还需广大地培养人才。"[2]

---

[1]《毛泽东选集》第3卷,人民出版社1991年版,第828页。
[2]《毛泽东选集》第2卷,人民出版社1991年版,第526页。

第三章
中国共产党对任人唯贤的不懈求索

毛泽东把培养骨干力量作为一项极其重要的任务。第一次国内革命战争时期，毛泽东担任广州农民运动讲习所所长，领导全所为全国培养了近800名农民运动骨干。江西中央苏区时期，毛泽东领导创办了红军学校，培养各种专门人才。1936年，为了给即将来临的民族解放战争培养一批优秀人才，6月1日在瓦窑堡建立了中国人民抗日红军大学，由毛泽东兼任学校政委，为红军大学安排了阵容空前的教员队伍，包括刘少奇、胡乔木、艾思奇、何干之等人，并亲自到学校讲课。

抗日战争爆发后，许多仁人志士、热血青年奔赴延安。在毛泽东的支持和关怀下，又创办了陕北公学、延安鲁迅艺术学校、妇女大学等一系列学校。这些学校培养出来的大批干部，成为夺取革命胜利和建设新中国的骨干力量。

毛泽东高瞻远瞩，注意培养新干部。在新民主民主革命时期他就指出："我们党如果没有广大的新干部同老干部一致合作，我们的事业就会中断。"[①] 他要求老干部以极大的热忱欢迎新干部、关心新干部，新老干部应该彼此尊重，互相学习，取长补短，团结一致，进行共同的事业，而防止宗派主义的倾向。由于注意了新老干部的合作交替，使中共的干部队伍不断增加新鲜血液，保证了中国革命和建设事业后继有人。

1938年10月，毛泽东在《中国共产党在民族战争中的地位》一文中指出："中国共产党是在一个几万万人的大民族中领导伟大革命斗争的党。……政治路线确定之后，干部就是决定的因素。因此，

---

① 《毛泽东选集》第3卷，人民出版社1991年版，第824页。

读懂任人唯贤

有计划地培养大批的新干部,就是我们的战斗任务。"① "共产党的干部政策,应是以能否坚决地执行党的路线,服从党的纪律,和群众有密切的联系,有独立的工作能力,积极肯干,不谋私利为标准,这就是'任人唯贤'的路线。"②

毛泽东在坚持任人唯贤的同时,反对任人唯亲。他在党的六届六中全会(1938年)上,批判了张国焘任人唯亲的十分错误的干部路线,指出张国焘"任人唯亲",拉拢私党,组织小派别,结果叛党而去,这是一个大教训。鉴于张国焘的教训,在干部政策问题上,毛泽东强调要"坚持正派的公道的作风,反对不正派的不公道的作风"③。

这一时期,我们党在毛泽东领导下创造了整风运动这种普遍深入的马克思列宁主义教育的形式,不仅在组织纪律方面提高干部,而且在思想政治方面也有效地提高干部,特别是高级干部。整风运动为夺取抗日战争和民主革命的胜利奠定了思想基础。整风加上整党,是我们党创造的一种自我净化的形式,主要靠干部党员自觉检查以及互相批评和帮助来实行净化,这种形式在我们今天的工作中仍然被借鉴和采用。

---

① 《毛泽东选集》第2卷,人民出版社1991年版,第526页。
② 《毛泽东选集》第2卷,人民出版社1991年版,第527页。
③ 《毛泽东选集》第2卷,人民出版社1991年版,第527页。

四、解放战争时期对任人唯贤的探索与实践

抗战胜利后,蒋介石在 1946 年 6 月发动全面内战。为了打败蒋介石反动军队的猖狂进攻,进而彻底打倒国民党反动派,夺取中国人民解放战争的胜利,在解放战争时期,中国共产党采取了一系列措施加强党的干部队伍建设,巩固和发展党的组织,提高党的战斗力。

首先,党中央大规模调动干部。抗战期间,党在延安储备和训练了数以万计的干部,这批干部在日本投降前后,被分期分批派往各解放区,加强了各根据地的领导和骨干力量。这次干部调动,充实和加强了各根据地党政机关和军队的领导力量,为应对蒋介石发动全面内战做好了组织准备。

其次,开展整党运动。1947 年 7 月至 9 月,中共中央工作委员会在河北平山县西柏坡召开全国土地会议。会议总结了各解放区土地改革的经验和存在的问题,制定了《中国土地法大纲》,进一步明确了党的土地改革政策。会议还决定,要整顿党的队伍,开展整党运动,解决党内思想不纯、组织不纯和官僚主义作风的问题。全国土地会议后,各解放区逐级传达了全国土地会议精神,检查了土地改革中存在的问题,进一步部署了平分土地工作和整党工作。

从 1947 年冬季开始,各解放区普遍开展了整党运动。这次整党的主要内容是三查(查阶级、查思想、查作风)三整(整顿组织、整顿思想、整顿作风)。首先是在党内开展积极的思想斗争,彻底揭露各种偏离党的路线的错误思想和行为,特别是着重揭露批

判了一些党员干部中存在的危害土地改革的地主富农思想和脱离群众的官僚主义、命令主义的工作作风。同时清除了一批混进党内的危害党、反对土地改革的敌对分子，纯洁和巩固了党的组织。1947年12月，中共中央在陕北米脂县杨家沟召开会议，各地对"土改"和整党工作进行了检查和总结，纠正了整党中的错误倾向。通过这次整党，纯洁了党的组织和干部队伍，提高了广大党员干部的政治思想觉悟，增强了党的战斗力，为保证土地改革和解放战争的彻底胜利奠定了基础。

解放战争的顺利发展和迅速推进，不仅是由于中国共产党在解放战争时期实行了正确的政治路线和军事路线，还在于制定和实行了正确的组织路线，加强了对干部队伍的管理，保证了党的政治路线和军事路线的贯彻执行。1947年2月，中共中央发出《关于在军队中组织党委会的指示》，决定在部队团以上单位建立各级党委会。同年7月，中国人民解放军总政治部颁发《中国人民解放军党委员会条例草案（初稿）》，明确规定了党对军队绝对领导的原则，"在军队中设置各级党委员会，而以党委员会作为对军队之一切领导与团结的核心"。

1948年1月7日，中共中央发出毛泽东起草的《关于建立报告制度》的党内指示，要求各中央局和分局，由书记负责（自己动手，不要秘书代劳），每两个月，向中央和中央主席作一次综合报告。

为了迎接即将到来的全国胜利，加强党中央的集中统一领导，毛泽东在1948年5月召开的中央书记处会议上提出："军队向前进，生产长一寸，加强纪律性，革命无不胜"，强调要加强党的纪律和纪律教育。

第三章
中国共产党对任人唯贤的不懈求索

1948年9月,中共中央政治局在河北平山县西柏坡村召开扩大会议(九月会议)。会议讨论通过了《中共中央关于各中央局、分局、军区、军委分会及前委会向中央请示报告制度的决议》和《中共中央关于召开党的各级代表大会和代表会议的决议》。为了贯彻九月会议精神,中央在9月20日又出台了毛泽东起草的《关于健全党委制》的决定,指出:"党委制是保证集体领导、防止个人包办的党的重要制度"①。为了健全党委制,在党的七届二中全会上,毛泽东代表中央政治局又提出党委会的十二条工作方法。这主要是:(1)党委书记要善于当班长。(2)要把问题摆到桌面上来。(3)要"互通情报"。(4)不懂得和不了解的东西要问下级,不要轻易表示赞成或反对。(5)要学会"弹钢琴"。(6)要"抓紧",抓而不紧,等于不抓。(7)要做到胸中有数。(8)出"安民告示"。(9)"精兵简政"。(10)注意团结那些和自己意见不同的同志的一道工作。(11)力戒骄傲。(12)划清两种界限,首先是革命和反革命的界限其次是成绩和缺点的界限。毛泽东强调:"要有以上这些方法,才能把党委的工作搞好。"②

由于党中央和毛泽东采取了上述一系列方针和措施,卓有成效地解决了党内军内存在的无纪律无政府现象,全党实现了空前的统一,有力地加强党的集中统一的领导,使党更加坚强,党的干部队伍更有战斗力,为迎接解放战争在全国的胜利和进城——党的工作重点由农村转移到城市作了重要准备。

---

① 《毛泽东选集》第4卷,人民出版社1991年版,第1340页。
② 《毛泽东选集》第4卷,人民出版社1991年版,第1444页。

读懂任人唯贤

随着解放战争的节节胜利,需要在广大地区建立各级政权,准备成千上万的干部成为当时党中央面临的紧迫任务。1948年10月,中央政治局作出《中央关于准备五万三千个干部的决议》,这是迎接全国解放的最大的干部调配工作。由于解放军战略反攻进展神速,干部数量仍满足不了形势发展的需要。1949年2月,毛泽东为中央起草了《把军队变为工作队》的指示,根据这个指示,新解放区所缺干部,大部分由部队解决了,从而保证了新区的顺利接收和工作的开展。中央关于调配干部的重大决策,为在大陆上彻底打垮国民党反动派和在广大新解放区顺利建立人民政权,发挥了重要的保证作用。

在全国革命胜利前夕,1949年3月5日,中国共产党在河北平山县西柏坡召开七届二中全会,毛泽东作了《在中国共产党第七届中央委员会第二次全体会议上的报告》,提出:"务必使同志们继续保持谦虚、谨慎、不骄、不躁的作风,务必使同志们继续保持艰苦奋斗的作风",防止党的干部滋长骄傲和腐败情绪。毛泽东在报告中指出,革命很快就要在全国胜利了,"夺取这个胜利,已经是不要很久的时间和不要花费很大的气力了;巩固这个胜利,则是需要很久的时间和要花费很大的气力的事情。"[1] 能不能巩固胜利,能不能"把中国建设成一个伟大的社会主义国家"[2],关键在于执政以后能不能把党建设好,把党的干部队伍建设好。

---

[1]《毛泽东选集》第4卷,人民出版社1991年版,第1438页。
[2]《毛泽东选集》第4卷,人民出版社1991年版,第1437页。

第三章
中国共产党对任人唯贤的不懈求索

第二节 社会主义革命和建设时期践行任人唯贤

在党的六届六中全会上,毛泽东提出"才德兼备"的干部标准和"任人唯贤"的干部路线。此后,党的干部路线随着历史的发展及党的任务的变化而不断被赋予新的内涵。进入社会主义革命和建设时期,党的执政地位变化、党的任务目标变化、党内组织发展变化,对如何贯彻好任人唯贤的干部路线带来了新的挑战,中国共产党坚守马克思主义政党的初心使命,认真面对和解决党内出现的新情况、新问题,以有力的组织和团结的干部队伍为社会主义建设提供了坚实可靠的领导力量。

一、新中国成立初期对任人唯贤的探索与实践

1949 年 10 月 1 日,中华人民共和国成立,标志着中国共产党成为领导全国各族人民的执政党。执政地位的变化,给党的干部队伍建设提出了一系列的新问题。

新中国成立初期,中国共产党面临着恢复经济、发展生产、肃清反革命、巩固新生政权、着手进行社会主义改造和建设的艰巨任

务。新情况新任务给党员、干部提出更高的要求。党的干部队伍建设在思想、作风和组织上都有一些问题亟待解决。

当时党员发展很快，党员干部的绝大多数保持了党的优良作风，但也有部分党员干部滋长了骄傲自满，以功臣自居，贪图享受，停顿起来不求进步的情绪，他们往往把个人利益放在第一位，把党和人民的利益放在第二位，比资格、比历史，闹名誉、闹地位，争待遇、争享受。有的党员干部滋长了官僚主义作风，在领导工作中高高在上，脱离实际，脱离群众，独断专行，严重破坏了党和人民群众的密切联系，损害了党和政府的威信，引起了群众的强烈不满。还有极少数投机分子乘机钻入党的干部队伍里，这种状况直接影响了党的干部队伍建设。

这些问题的出现和党成为执政党有关，也和干部队伍中的农民意识有关。为了防止党员干部腐化，保持党的纯洁性，提高党的干部的政治思想水平，1950年，中共中央发出《关于在全党全军开展整风运动的指示》和《关于发展和巩固党的组织的指示》等文件，决定在全党进行一次着重整顿党的干部的整风学习。中央相继发出《关于学习斯大林、毛泽东论共产党员要善于和非党群众团结合作的指示》和《关于在报纸刊物上开展批评与自我批评的决定》等文件，要求全党特别是犯有"关门主义"毛病的同志，认真加以学习，以克服缺点，加强共产党员和党外民主人士及广大群众的团结合作，还强调防止官僚主义的作风，公开地、及时地在全党和广大人民群众中对党的工作中的缺点错误开展批评与自我批评。

毛泽东坚决反对任人唯亲，首先从自己做起。对于自己的亲

第三章
中国共产党对任人唯贤的不懈求索

友,毛泽东在新中国成立之初就给秘书规定:"凡是要求到北京来看我的,现在一律不准来,来了也不见。凡是要求我给安排什么工作的,一律谢绝。我这里不介绍、不推荐、不说话、不写信。"并且说:"我们共产党的章法,决不能像蒋介石他们一样搞裙带关系,一个人当了官,沾亲带故的人都可以发财。如果那样下去,就会脱离群众,就会和蒋介石一样早晚要垮台。"

杨开智是杨开慧的哥哥,他的父亲杨昌济是毛泽东敬爱的老师。杨家对革命有功,他们曾多方设法营救被捕的杨开慧,冒着风险收敛杨开慧的遗体,以后又参与营救毛岸英兄弟。杨开智的女儿也在抗日战争中光荣牺牲。对这样一位至亲提出的来京工作的要求,毛泽东仍然坚持按章办事。他电告当时的湖南省第一副书记王首道:"杨开智等不要来京,在湘按其能力分配适当工作,任何无理要求不应允许。"同时,致电杨开智说:"希望你在湘听候中共湖南省委分配合乎你能力的工作,不要有任何奢望,不要来京。湖南省委派你什么工作,一切按正常规矩办理,不要使政府为难。"毛泽东以自己的模范行动,为全党在新的历史条件下坚持反对任人唯亲,树立了光辉的榜样。

1950年6月,党的七届三中全会召开,毛泽东提出加强党的干部队伍建设要着重解决的问题。强调全党要坚决执行中央关于巩固和发展党的组织的指示、关于加强党和人民群众联系的指示、关于开展批评和自我批评的指示、关于全党整风的指示。毛泽东在会议上指出:"鉴于我们的党已经发展到四百五十万人,今后必须采取谨慎地发展党的组织方针,必须坚决地阻止投机分子入党,妥善地洗刷投机分子出党。必须注意有步骤地吸收觉悟工人入党，扩大党的组织的工人成份。"七届三中全会后，党的各级领导机关普遍开展了整风运动。这次整风，主要是在党的各级领导机关检查骄傲自满和官僚主义、命令主义的工作作风。到1950年底按预定时间结束。经过整风，党员干部的思想政策水平有显著的提高，增强了群众观点，进一步密切了党群关系，加强了同党外民主人士的合作，克服骄傲自满、官僚主义和命令主义作风方面也有了比较大改善。

在整风运动的过程中，暴露了部分党员干部存在着比较严重和比较普遍的问题。为此，1951年2月召开的中央政治局扩大会议决定用3年时间进行整党。1951年3月28日至4月9日，中共中央在北京召开新中国成立后的第一次全国组织工作会议。决定对全党的基层组织进行一次普遍的整顿，在全体党员干部中进行一次关于共产党员必须具备的八项条件的教育，特别是关于社会主义、共产主义的教育。在这种教育的基础上，对每一个党员进行认真的审查和登记，对犯有严重错误的和不够条件的党员干部进行组织处理。大会结束时，刘少奇作了《为更高的共产党员的条件而斗争》的讲话，统一了对共产党员条件和标准的认识。刘少奇指出："今天，革命已在全国胜利，情形就更不同了。在有些人看来，现在加入共产党，不独不要担负什么艰险，而且可以获得个人的许多保障以及荣誉、地位等等，这时，落后分子、投机分子、反动分子就会希望加入我们党，而且有不少的坏分子积极地要钻入我们党内来。客观的自然的限制没有了，如我们又不在主观上加强限制，就是说，不更加提高党员的条件，不更加严格入党的手续，那就会有大批落后分

第三章
中国共产党对任人唯贤的不懈求索

子、投机分子、反动分子混入到党内来。""由于中国革命已经胜利,新的更伟大更艰苦的革命任务已经被提了出来,因此,今后共产党员必须比过去具有更高的条件。"

第一次全国组织工作会议以后,根据会议确定的工作方针和方法,在党内普遍地进行共产党员标准的教育,并在此基础上进行了党的基层组织的整顿。通过整党,一批不合格党员被清除出党,提高了党员干部的思想政治觉悟,纯洁了党员队伍,改进了党的作风,密切了党群关系,为党领导人民恢复国民经济和进行大规模社会主义改造,提供了可靠的组织保证。

1951年秋,在为支援抗美援朝战争而开展的增产节约运动中,各地都发现了大量惊人的贪污浪费和官僚主义问题。12月,中共中央作出《关于实行精兵简政、增产节约、反对贪污、反对浪费和反对官僚主义的决定》,从此,"三反"运动在全国展开。

1952年元旦,毛泽东号召全国人民和一切工作人员一致起来,"大张旗鼓地、雷厉风行地开展一个大规模的反对贪污、反对浪费、反对官僚主义的斗争"。1、2月间"三反"运动进入高潮。"三反"运动经过发动群众揭发检举、定案处理和组织建设三个阶段,运动重点是打击大贪污犯。在运动中抓住典型重大案件,加以严肃处理,以引起全党警惕和全社会的重视。

当时,中共天津地委前任书记刘青山、现任书记张子善都是20世纪30年代初入党的老干部,在民主革命中有过功劳。但进城后在剥削阶级思想腐蚀下,利用职权,贪污盗窃国家财产,剥削民工血汗,侵吞救济灾民粮款,勾结私商,倒卖钢铁木材等达155亿元(旧币),腐化堕落为大贪污犯。中共中央和毛泽东下决心坚决果断地严惩,决不姑息。经过法院公审判处死刑,执行枪决,其意义和影响极为深远。

在公审刘、张大会召开之前,时任天津市委书记黄敬通过薄一波向毛泽东转达了他的意见和请求:"刘、张错误严重,罪有应得,当判重刑。但考虑到他们在战争年代出生入死,有过功劳,在干部中影响较大,是否可以不要枪毙,给他们一个改造机会。"毛泽东表示:"正因为他们两人的地位高,功劳大,影响大,所以才要下决心处决他们。只有处决他们,才有可能挽救20个、200个、2000个、20000个犯有各种不同程度错误的干部。"到1952年3月,全国共查出贪污1000万元以上的贪污分子10.5万多人,判刑的约1万人,判处死刑的42人,判处死缓的9人。"三反"运动有效遏制了贪腐现象,取得了决定性胜利。

在"三反"运动中不断发现贪污分子的违法行为,大多与不法资本家施放的"五毒"(行贿、偷税漏税、偷工减料、盗骗国家财产、盗窃国家经济情报)直接相关。因此,1952年1月中共中央指示,要求依靠工人阶级,团结守法的资本家及其他市民,向着违法资本家开展一场大规模的"五反"斗争,以配合"三反"运动。

"三反"运动的实质是在执政的条件下保持共产党人和国家干部廉洁的一场斗争,是反腐败长期斗争的初战。通过"三反"运动,教育了大多数干部,挽救了犯错误的同志,清除了党的队伍和国家干部队伍中的腐化分子,进一步巩固了人民民主专政的政权。"三反""五反"运动也是一个移风易俗的社会改革运动,它有力地抵制

第三章
中国共产党对任人唯贤的不懈求索

了旧社会恶习和资产阶级的腐蚀，对于形成健康的社会风气有很大的作用。

这一时期，党对党员干部的教育和把腐败分子清除出党的队伍的斗争是抓得比较紧的。党中央从延安整风和七大以来所形成的坚强团结，在执政初期继续保持下来。一个坚强团结的党的干部队伍，一个为党所确定的正确目标而一致行动、努力奋斗的党的干部队伍，是新中国成立初期我们各项工作取得顺利进展的重要保证。

二、社会主义建设探索时期对任人唯贤的探索与实践

1956年夏秋，农业、手工业和资本主义工商业改造基本完成，中国社会发生了根本性的变化。在这个重要转折时期，党对自身建设以及社会主义建设的道路开始了新的探索。1956年9月，中国共产党召开了第八次全国代表大会，总结了新中国成立以来的历史经验，正确分析了当时我国社会的主要矛盾，同时提出加强执政党建设的新论断。党的八大强调坚持集体领导，反对个人崇拜，坚持民主集中制，反对个人专断，强调"从群众中来，到群众中去"的群众路线，强调要加强对党员干部的监督，防止领导机关官僚化的危险，反对官僚主义，等等。党的八大还针对执政党的特点和任务的要求，对党员队伍、干部队伍和党的基层组织的建设提出一些新的规定和要求。这些新的论断和规定，为在新的历史时期加强党的干部队伍建设指明了正确的方向。

读懂任人唯贤

1957年，毛泽东在党的八届三中全会上就干部德与才的关系问题明确提出，"政治是主要的，是第一位的""要努力精通技术和业务，使自己成为内行，又红又专"。作为中国共产党和中华人民共和国的伟大领袖，毛泽东认为："领导者的责任，归结起来，主要地是出主意、用干部两件事。"

党的八大以后，党的干部工作任务就是根据八大确定的政治路线，调动一切积极因素，团结一切可以团结的人，化消极因素为积极力量，为着建设伟大的社会主义国家而奋斗。党领导全国人民全面贯彻八大路线，进一步探索适合中国国情的社会主义建设道路，国内经济、文化和政治领域出现了生动活泼的局面。

1957年2月，毛泽东发表《关于正确处理人民内部矛盾的问题》，认为在执政党条件下，党政领导机关和领导干部中的官僚主义，是产生人民内部矛盾的重要根源。毛泽东提出正确处理人民内部矛盾，十分重要的原因就是为着反对和纠正党和国家领导机关的官僚主义，保持党同人民群众的密切联系。1957年4月27日，中共中央正式发出《关于整风运动的指示》。这次整风的主题，是正确处理人民内部矛盾的问题。解决这样的矛盾，从思想教育角度来说，一方面是要教育党员干部认真听取群众的批评意见，努力克服脱离实际、脱离群众的主观主义、宗派主义、官僚主义作风；另一方面是要教育群众提高觉悟，提倡以集体利益和个人利益相结合为原则的社会主义精神。前一方面是首要的方面，全党整风就是着重从这一方面来解决人民群众同党员干部之间的矛盾，并且学习在由革命转入建设的新形势下如何正确处理人民内部矛盾的新课题。

第三章
中国共产党对任人唯贤的不懈求索

毛泽东关于正确处理人民内部矛盾的理论和整顿"三风",是八大路线的继续和发展,是探索中国自己的建设社会主义道路的新成果,对于党的干部队伍建设具有长远的重要意义。但在整风运动深入开展的时候,极少数资产阶级右派分子趁机向党进攻,企图否定党的领导和社会主义制度。由于对形势估计的错误,过分夸大了右派的势力,反右斗争严重地扩大化,给党的干部队伍建设带来了一些消极影响。

20世纪50年代后期60年代前期,是党领导我国社会主义建设探索的十年。由于这一探索是在没有现成成功经验的情况下的摸索,因此,在党的指导思想上曾呈现出正确与比较正确的和错误的两种发展趋向。干部队伍建设上受到影响社会主义建设在曲折中向前发展,在中国共产党的领导下,我国各族人民意气风发,投身于热火朝天的社会主义建设,抒写了无数改天换地的壮丽诗篇,展现了十分可贵的团结奋斗的精神风貌。这期间也涌现出大批干部和英雄人物。中共河南省兰考县县委书记焦裕禄,身患肝癌,忍着剧痛,带领干部群众同严重的自然灾害作斗争,鞠躬尽瘁,死而后已,被人民誉为"党的好干部";大庆工人、共产党员王进喜,在开发大庆油田的会战中,率领钻井队迎着困难上,发扬了一不怕苦、二不怕死的精神,被工人们称为"铁人";解放军战士、共产党员雷锋,干一行,爱一行,甘当革命的螺丝钉,公而忘私,全心全意为人民服务,成为全国人民学习的榜样。党号召广大干部群众向他们学习,焕发起巨大的建设社会主义的精神力量。

读懂任人唯贤

第三节 改革开放和社会主义现代化建设新时期践行任人唯贤

党的十一届三中全会召开后,伴随着改革开放的春风,时代对人才的需求无比强烈,人们干事创业的活力被充分激发。对于改革开放事业,邓小平提出要选出"成熟"的领导人和领导集体。对于干部选任,他强调要注意德才兼备。"所谓德,最主要的,就是坚持社会主义道路和党的领导。在这个前提下,干部队伍要年轻化、知识化、专业化,并且要把对于这种干部的提拔使用制度化。"由此,"革命化、年轻化、知识化、专业化"成为党干部工作的基本方针,并被写入党章,为任人唯贤提供了组织保障和制度保障。

一、党的十一届三中全会后对任人唯贤的探索与实践

1976年10月,党中央一举粉碎了"四人帮","文化大革命"结束。1978年12月召开的党的十一届三中全会,为我们党重新确立了马克思主义的思想路线、政治路线和组织路线,确立了改革开放和加强民主法制建设的方针,并在实际上形成了以邓小平同志为

第三章
中国共产党对任人唯贤的不懈求索

核心的党的中央领导集体,解决了关系党和国家命运的一系列重大问题,也为新时期党的干部队伍建设提出了正确的指导方针。十一届三中全会是党的历史上具有深远历史意义的伟大转折,不但结束了粉碎"四人帮"后两年来党在徘徊中前进的局面,而且开辟了我国发展的新道路,从此,我国进入了改革开放和社会主义现代化建设的新时期。党的干部队伍建设也从此进入了一个新的历史时期。

邓小平深刻洞察时代需求,坚定不移地践行任人唯贤的干部路线。在如何任人唯贤问题上,邓小平提出选人"三要"。一是"要抛弃一切成见,寻找人民相信是坚持改革路线的人",二是"要抛弃个人恩怨来选人,反对过自己的人也要用",三是"考虑人的角度,也要深化,这也是一种改革,是思想上的改革,思想上的解放"[①]。邓小平讲的"三要",核心是用坚持和敢于改革的人,在这个前提下摒弃个人私见,以党的大业为重,放宽视野选人。也就是说,在深化改革用人思路和方式中选"准"人。

邓小平强调"三要"是由党的新老交替、党长期执政、执政有力所决定的。在改革开放时代选党的中央领导人,邓小平特别强调两点:其一,"进入新的政治局、书记处特别是常委会的人,要从改革开放这个角度选"[②]。其二,"我们现在就是要选人民公认是坚持改革开放路线并有政绩的人,大胆地将他们放进新的领导机构里,要使人民感到我们真心实意要搞改革开放"[③]。

[①]《邓小平文选》第3卷,人民出版社1993年版,第300页。
[②]《邓小平文选》第3卷,人民出版社1993年版,第299页。
[③]《邓小平文选》第3卷,人民出版社1993年版,第300页。

读懂任人唯贤

在此后一段时间内,党的干部队伍建设紧紧围绕着确保和促进全党工作中心的转移和社会主义现代化建设事业的开展,做了大量卓有成效的工作。我党通过改革干部人事制度,调整、配备各级领导班子,对干部进行大规模的培训,加强对党员干部的教育,完善党的正常组织生活制度,整党整风,加强和改善党的领导,从组织上保证了党的十一届三中全会以来党的正确路线方针政策的贯彻执行。

1980年8月18日至23日,中共中央政治局举行扩大会议,讨论党和国家领导制度的改革问题。邓小平在会上作了题为《党和国家领导制度改革》的讲话,在这个讲话中初步概括地提出了干部"四化"方针。邓小平提出:当前和今后一个时期,在组织上迫切需要培养、发现、提拔、使用坚持四项基本原则的,比较年轻的,有专业知识的社会主义现代化建设人才,要在坚持社会主义道路和党的领导的前提下,实现干部队伍"年轻化、知识化、专业化,并且要把对于这种干部的选拔和使用制度化"。

1980年12月,邓小平在中央工作会议上发表讲话,对干部"四化"方针的内容作出了完整的概括和表述。他指出:"要在坚持社会主义道路的前提下,使我们的干部队伍年轻化、知识化,并且要逐步制定完善的干部制度来加以保证。提出年轻化、知识化、专业化这三个条件,当然首先是要革命化,所以说要以坚持社会主义道路为前提。"

1981年6月,党的十一届六中全会在北京召开。会议一致通过《关于建国以来党的若干历史问题的决议》,指出:要"在坚持革命

第三章
中国共产党对任人唯贤的不懈求索

化的前提下逐步实现各级领导人员的年轻化、知识化和专业化"。中央坚持按照干部"四化"方针加强党的干部队伍建设,使党的干部队伍的状况发生了重大变化。《关于建国以来党的若干历史问题的决议》的通过,标志着党在指导思想上拨乱反正的任务已经胜利完成。

为了改革党和国家的领导制度,逐步实现各级领导干部的革命化、年轻化、知识化、专业化,1982年1月,中央政治局召开会议,讨论中央机构的精简问题;1982年2月20日,中共中央颁布《关于建立老干部退休制度的决定》,指出要建立老干部离休退休和退居二线的制度。

党在建立老干部离退休制度的同时,又重视中青年干部队伍的建设。《关于建立老干部退休制度的决定》同时指出:选拔中青年干部,必须坚持德才兼备、年富力强这个正确标准。首先要看政治表现,要考察他们在"文化大革命"中的表现,特别是党的十一届三中全会以来的表现。德不好的,虽有某一方面的才能,但不能忠诚地为人民服务,在他们用实际行动切实改正并取得群众谅解信赖以前,一个也不能选拔到领导岗位上。对比较年轻的干部的领导经验不能要求过高。在这个问题上,一定要防止和克服任何论资排辈和求全责备的思想,对于德才兼备、年富力强的中青年女干部,尤应重视,不可轻视。

废除了干部领导职务实际上存在的终身制,许多老干部响应中央的号召,主动离休、退休或退居二线。一大批经过考验的德才兼备的优秀中青年干部先后走上各级领导岗位,在实现新老干部合作与交替方面迈出了重要步伐。有步骤地实现新老干部的交替,是党为保证中国的社会主义事业能够在稳定地向前发展中保持路线政策的连续性而采取的一项有战略意义的步骤。

以党的十二大为标志,中国社会主义现代化建设进入了全面开创社会主义现代化新局面的时期。从党的十二大到党的十三届四中全会这一阶段,我们党在邓小平关于干部队伍建设理论的指导下,针对干部队伍建设中存在的问题,从保证党和国家长治久安的战略高度出发,适应改革开放和全面开创社会主义现代化建设新局面的需要,大力推进改革干部人事制度。这一阶段,在干部队伍建设方面采取了一些重大举措,积累了一些有益的经验。

十二大党章明确指出:"中国共产党在现阶段的总任务是:团结全国各族人民,自力更生,艰苦奋斗,逐步实现工业、农业、国防和科学技术现代化,把我国建设成为高度文明、高度民主的社会主义国家。"为了实现这一总任务,党的十二大提出了"把党建设成为领导社会主义现代化事业的坚强核心"的新的历史时期党的建设的正确指导方针。十二大总结了拨乱反正的经验,制定了全面开创社会主义现代化建设新局面的正确纲领,制定了新的完善的党章,提出了改革领导机构和干部制度,实现干部队伍的"四化",是党的历史上的一次重要的代表大会。

党的十二大报告指出:"党和国家领导体制、领导机构的改革,主要是消除权力过分集中、兼职副职过多、机构重叠、职责不明、人浮于事、党政不分等种种弊端,克服官僚主义,提高工作效率。"十二大还把"努力实现干部队伍的革命化、年轻化、知识化、专业化"写入政治报告和党章之中,这样,实现干部队伍"四化"成为

第三章
中国共产党对任人唯贤的不懈求索

新时期党的干部工作的基本方针。新党章对党员、党的干部和党的基层组织，分别提出了比过去历次党章更严格的要求。新党章增加了干部一章，对干部的政治品质、思想觉悟、业务知识、工作能力、工作作风、政策水平等各方面都提出了比党员更高的要求，特别规定不允许干部滥用职权来谋求私利，并第一次在党章中规定废除过去实际存在的党的领导干部职务的终身制。

在党的十二大精神指引下，干部队伍建设进一步推进，在以下几方面都取得了重大进展：加强党在工人、农民、知识分子中的工作，密切党同群众的联系；通过有计划有步骤地进行整党，使党风根本好转；加强干部教育和培训工作，干部培训开始步入正轨；在干部人事管理体制上适当下放了干部管理权限，初步实现了"管事"与"管人"的统一；实行后备干部制度；积极探索各种途径，推进干部制度改革。

党的十一届三中全会后，选拔任用干部取得很大成绩，但也存在一些问题，突出的表现是：有些干部，不遵守党的原则，违反组织人事纪律。他们有的凭个人好恶、恩怨取人，或以对自己有利无利为尺度用人，或从封建的宗族观念和宗派观念出发选人；有的通过各种手段，为提拔任用子女、亲友"走后门"；有的拿职位送人情，搞交易；有的不顾政策规定，为本系统、本单位干部争级别待遇，给所属单位升格；有的做组织人事工作的同志放弃职守，不讲原则，甚至以权谋私；等等。为了纠正和防止上述现象，1986年1月28日，中共中央发出《关于严格按照党的原则选拔任用干部的通知》，提出八点要求：

读懂任人唯贤

（1）领导干部必须在用人方面模范地遵守党的原则，维护组织人事工作纪律。（2）选拔任用领导干部必须严格按照规定的程序办事。（3）选拔任用领导干部必须充分走群众路线。（4）决定提拔干部前，必须按拟任职务所要求的德才条件进行严格考察。（5）选拔干部必须由党委集体讨论决定，不准个人说了算。（6）提拔干部应从经过实践锻炼的同志中择优任用。（7）严格禁止擅自增设机构、提高机构规格和增加领导干部职数。（8）各级组织人事部门必须认真履行职责，当好党委的参谋和助手。

围绕促进干部能上能下，增强干部队伍的生机与活力，1986年经中央批准，中央组织部发出《关于调整不胜任现职领导干部职务几个问题的通知》，要求对不胜任现职的领导干部，按照能上能下的原则，区别情况及时予以调整，其工资待遇随职务的变动而变动。实行这项改革，不仅是简单地调整少数领导干部的职务，重要的是以此造成优秀人才良性竞争的环境，使整个干部队伍增添生机与活力。

党的十二大以后，经济体制改革迅速地在全国范围内全面展开。随着经济体制改革的深入发展，企业的干部人事制度也进行了相应的改革。1984年10月党的十二届三中全会通过《关于经济体制改革的决定》（以下简称《决定》）。《决定》强调要起用一代新人，造就一支社会主义经济管理干部的宏大队伍。过去企业是企业党委一元化领导。1984年中共中央、国务院正式发出通知，要求在全民所有制企业中有计划地试行厂长负责制。在总结试点经验的基础上，1986年9月，中共中央、国务院正式颁布了全民所有制工业企业的

第三章
中国共产党对任人唯贤的不懈求索

三个条例,把厂长负责制作为企业的基本制度肯定下来。为了进一步完善这一制度,中共中央、国务院又在1986年11月发出关于认真贯彻执行全民所有制工业企业三个条例的补充通知,进一步明确了厂长是企业的一厂之长,是企业法人代表,处于中心地位,起中心作用,对企业负有全面责任。此后,厂长负责制由试点进入全面推行的新阶段。

1983年10月,党的十二届二中全会召开。会议的中心议题是研究如何完成十二大提出的对党的作风和组织进行一次全面整顿的任务。全会经过热烈讨论,一致通过了《中共中央关于整党的决定》,确定从1983年开始全面整党,用3年时间对党的作风和组织进行一次全面整顿。这次整党的任务是:第一,统一思想,进一步实现全党思想上政治上的高度一致,纠正一切违反四项基本原则、违反十一届三中全会以来党的路线的"左"的和右的错误倾向;第二,整顿作风,发扬全心全意为人民服务的革命精神,纠正各种利用职权谋取私利的行为,反对对党对人民不负责任的官僚主义;第三,加强纪律,坚持民主集中制的组织原则,反对无组织无纪律的家长制、派性、无政府主义、自由主义,改变党组织的软弱涣散状况;第四,纯洁组织,按照党章规定,把坚持反对党、危害党的分子清理出来,开除出党。全会号召全体共产党员要认真学习整党决定,积极参加整党。这次整党在全党分期分批进行,历时三年半,到1987年5月,党内存在的思想、作风、组织上严重不纯状况有了改变,都有了进步,同时积累了正确处理党内矛盾和问题的重要经验。这为新时期的干部队伍建设打下了比较好的基础。

针对干部队伍建设中存在的突出问题，党中央发出一系列的通知，作出了一些规定。1985年12月，中共中央办公厅、国务院办公厅发出通知，要求各级党政机关坚决刹住滥派人员出国的不正之风，坚决制止党政干部挥霍公款到处旅游，严禁铺张浪费、请客送礼，严禁党政干部在工资和机关集体福利以外获取不正当的收入，严肃查处党政机关、领导干部及其子女、配偶利用职权和各种方便违反规定，经商牟利。1986年1月28日，中共中央发出《关于严格按照党的原则选拔任用干部的通知》，要求坚决纠正和防止在干部选拔任用工作中违反组织人事纪律、以权谋私的种种问题。中共中央及其领导人的决心和要求，曾经使一度严重泛滥的种种不正之风有所收敛。

在整党的同时，中共中央把建设社会主义精神文明也提到了重要位置。为了落实党的十二大提出的建设高度文明、高度民主的社会主义国家的奋斗目标，党中央提出了一系列加强思想政治工作的要求，并且在全社会开展了"五讲四美三热爱"（讲文明、讲礼貌、讲卫生、讲纪律、讲道德、心灵美、语言美、行为美、环境美及热爱祖国、热爱社会主义、热爱共产党）活动，进行了做"有理想、有道德、有文化、有纪律"的"四有"新人的教育。通过这些活动改善了社会风气，一大批具有时代特点的英雄模范人物涌现出来，在全国产生了积极影响。然而，在强调发展商品经济和改革开放的条件下，确实存在着忽视精神文明建设的现象。为加强精神文明建设，1986年9月28日，党的十二届六中全会召开，通过了《中共中央关于社会主义精神文明建设指导方针的决议》。

第三章
中国共产党对任人唯贤的不懈求索

从党的十二大到党的十三大这五年间，我国经济在改革开放中取得了巨大成就。随着经济体制改革的展开和深入，对政治体制改革提出愈益迫切的要求。1987年10月，在党的十三大上，党中央提出了我国政治体制改革的基本设想，干部人事制度改革作为政治体制改革的重要内容之一提上了议事日程：从此开始深化对干部人事制度的改革。这个时期，干部人事制度的改革有如下特点：（1）干部人事制度是作为政治体制改革的有机组成部分和政治体制改革配套进行。（2）干部人事制度的改革不再是局部性、操作性的改革，而是全局性的、相互配套进行的改革，是干部人事管理体制的根本改革。（3）改革与立法同时进行，制定和颁布各种相互配套的干部人事管理办法，是这一时期干部人事制度改革的重要内容。（4）对"国家干部"进行科学分类，建立和实施国家公务员制度。

党的十三大后的政治体制改革是从实行党政分开做起的。党政分开即党政职能分开。党领导人民制定了宪法和法律，党应当在宪法和法律的范围内活动。党领导人民建立了国家政权、群众团体和各种经济文化组织，党应当保证政权组织充分发挥职能，应当充分尊重而不是包办群众团体及企事业单位的工作。

中央一级的党政分开，主要是理顺党中央与国务院、人大常委会的关系。七届全国人大所选出的国务院在第一次全体会上，通过了国务院的工作规则。党中央和国务院的两套工作规则明确了党的中央机构和中央人民政府各自的职能、工作范围和工作方式，为使党和国家高层领导机构的关系按照职能分开的要求形成合理的格局和走向制度化，提供了新的条件。各省、市、自治区的党政领导机构也大都按着十三大党政职能分开的规定，相继制定了一些规则，并在具体的组织形式和工作方式上进行了一系列改革，党委不设分管政府工作的专职干部。政府各部门的党组也陆续撤销，各级政府的行政首长负责制有所加强。各级党委与人大及其常委会的关系也有所调整，党委直接干预人大工作的现象已大为减少，宪法赋予人大及其常委会的各项职权开始落实。

根据党的十三大的要求，各地普遍抓了企业的党政分开。全国绝大多数企业都已开始实行厂长（经理）负责制。党的十三届二中全会提出，尽可能把政府部门的办事制度公开，便于群众监督。十三届三中全会提出治理经济环境、整顿经济秩序、全面深化改革的方针，同时提出尽可能公开办事制度和办事结果，建立各种举报中心，完善有关制度和纪律，查处违法乱纪案件等。1989年2月，经中央书记处批准，召开了全国廉政制度建设座谈会。建议当前的廉政建设可以从"两公开、一监督"入手，即公开办事制度、公开办事结果，依靠群众监督，推进廉政建议。

政治体制改革最具有突破性的进展是在人大选举中实行了差额选举。七届人大和28个省、市、自治区（除海南省、西藏自治区外）都实行了差额选举人大代表、人大常委以及副省长、副市长、副主席，其中，11个省、区、市的人大常委会主任，8个省、区的省长、主席也实行了差额选举。这是新中国成立以来人民政权选举史上没有前例的，在我国社会政治生活中引起了强烈的反响。

党的十三大后，法制建设也得到了进一步加强，全国人大及其常委会，相继颁布了《中华人民共和国宪法修正案》《关于国务院机

第三章
中国共产党对任人唯贤的不懈求索

构改革方案的决定》《全民所有制工业企业法》《行政诉讼法》等法律规定。《法官法》《检察官法》《国家编制法》等已列入立法计划，有的已数易其稿。

党的十三大后，政治体制改革和经济体制改革交错发展，改革开放和现代化建设事业继续前进，但也先后遇到了一些问题。诸如党政分开后，党委、人大、政府关系上不协调现象增多，矛盾也相应增多。下放权力后，中央政府有权力失控的危险，有些地方搞"上有政策，下有对策"，等等。加之赵紫阳对党的风气、社会风气趋于严重恶化的情况和一些党员干部特别是极少数领导干部中滋长的相当严重的腐败现象，不采取有力措施加以遏制和解决。1989年春夏，在国际反华势力和国内主张"全盘西化"的代表人物煽动下，资产阶级自由化思潮再度泛滥起来。广大干部又经受了一次严峻的考验。

社会主义改革事业需要信念坚定的改革者领导。1989年5月31日，邓小平在同李鹏、姚依林谈话时指出："新的中央领导机构要使人民感到面貌一新，感到是一个实行改革的有希望的领导班子。这是最重要的一条。这是向人民亮相啊！人民是看实际的。"[①] 邓小平强调选改革者是因为只有改革才能救中国、发展中国、强盛中国，决定改革大业的成败在于改革者、在于改革者在改革历史进程中大有所为。

不仅如此，改革事业需要锐意进取的领导团体共同推进。邓小平指出："有一个新的改革的面貌，是确定新班子成员的一个十分重

[①]《邓小平文选》第3卷，人民出版社1993年版，第296页。

要的问题。不是九分九,而是十分重要的问题。我们要看到这个大局。"①

邓小平深知选人重于泰山。他曾结合自身经历讲了一段党史,他说:从毛刘周朱开始,中国共产党才真正形成了一个稳定成熟的领导集体。以前的领导都是很不稳定,也很不成熟的。从陈独秀起,一直到遵义会议,没有一届是真正成熟的。在这中间有一段时间,说是要强调工人阶级领导,就勉强拉工人来当领导。我们党的历史上,真正形成成熟的领导,是从毛刘周朱这一代开始。

邓小平强调选开放者是因为开放才能走向世界、走向现代化、走向民族复兴。

邓小平交代了两点:一是不许关门,封闭就会造成灾难。邓小平说:"在那种状态下,经济不可能发展,人民生活不可能改善,国家力量也不可能增强。现在世界的发展一日千里,每天都在变化,特别是科学技术,追都难追上。"②二是要干起来,大开放。邓小平指出:"一个好班子,搞改革开放的班子,就要明白地做几件开放的事情。凡是遇到机会就不要丢,就是要坚持,要干起来,要体现改革开放,大开放。"③邓小平对开放还进行了进一步设想,提出不断扩大对外开放水平。要开放,不能收,要比过去更开放。不开放就发展不起来。我们本钱少,但可以通过开放,增加就业,搞税收,利用地皮得点钱,带动发展各行各业,增加财政收入,获得益处。

---

① 《邓小平文选》第 3 卷,人民出版社 1993 年版,第 297 页。
② 《邓小平文选》第 3 卷,人民出版社 1993 年版,第 298 页。
③ 《邓小平文选》第 3 卷,人民出版社 1993 年版,第 297 页。

第三章
中国共产党对任人唯贤的不懈求索

实干兴邦,威信来自干实事、干成实事。选实干者是由党的中心任务、党的阶段任务、党的历史任务所决定的。选建设中国特色社会主义实干者,特别是把在改革开放中干出实绩的人选进中央领导班子是邓小平一贯的用人标准。他指出:"一个是组成具有改革开放形象的中央领导班子,使人民放心,这是取信于民的第一条。第二条是真正干出实绩,来取信于民。"①邓小平还考虑一个更深层次的长远问题,即新当选的中央领导人和新组建的中央领导班子,怎样在较短时间内树立威信,邓小平深知靠老同志的威望和提携都不是长久之计。他的办法和出路就是"实干",邓小平说:"新的领导机构应该做几件改革开放的事情给大家看。三个月内,半年内,形象就可以树立起来了。"②他还交代说:"新的领导班子一经建立了威信,我坚决退出,不干扰你们的事。"③总之,"取信于民,要干出实绩"④。

邓小平强调选公认者是由党的性质、人民的愿望、社会的稳定所决定的。邓小平说:"我诚恳地希望,在选人的问题上,要注意社会公论,不能感情用事。要用政治家的风度来处理这个问题。"⑤关于"公认",邓小平强调:"使党内信得过,人民信得过。"⑥邓小平用"诚恳"二字讲"公认"和两个"信得过",怎样识别公认者和信得

---

① 《邓小平文选》第3卷,人民出版社1993年版,第298页。
② 《邓小平文选》第3卷,人民出版社1993年版,第300页。
③ 《邓小平文选》第3卷,人民出版社1993年版,第301页。
④ 《邓小平文选》第3卷,人民出版社1993年版,第299页。
⑤ 《邓小平文选》第3卷,人民出版社1993年版,第300页。
⑥ 《邓小平文选》第3卷,人民出版社1993年版,第298页。

过者。在这次谈话中，他提出四条原则：一要在改革开放方面做出实绩，二要在四项基本原则方面坚定不移，三要在反腐败方面动真格的，四要在团结方面不搞小圈子。

二、党的十三届四中全会后对任人唯贤的探索与实践

党的十三届四中全会以后，以江泽民同志为主要代表的中国共产党人，团结带领全党全国各族人民，坚持党的基本理论、基本路线，加深了对什么是社会主义、怎样建设社会主义和建设什么样的党、怎样建设党的认识，积累了治党治国新的宝贵经验，形成了"三个代表"重要思想。面对新的考验、新的变化、新的挑战，以江泽民同志为核心的第三代中央领导集体，提出了努力建设高素质干部队伍的要求，并把干部人事制度改革推进到了新的阶段，不断提高着干部队伍的素质和领导水平。

人才资源是第一资源的重要思想，是江泽民人才观思想的核心理念，也是江泽民对马克思主义人才观的一个重要理论贡献。江泽民是在深刻认识和全面把握物质资源和人才资源在人类社会发展中的重要作用及其辩证关系的基础上，创造性地提出人才资源是第一资源的重要思想的。他认为，按照马克思主义的观点，物质资源的开发利用是人类社会发展的基础，而人类智慧和能力的发展则决定着对物质资源开发的深度和广度；经济发展和社会进步既需要物质资源作基础，更需要人的智慧和能力作支撑。因此，相对于物质资源

第三章
中国共产党对任人唯贤的不懈求索

而言，人力资源特别是人才资源是最活跃、可再生的资源。江泽民关于人才资源是第一资源的论断，凸显了人才资源的重要地位和作用，丰富和发展了马克思主义关于生产力的观点。在此基础上，江泽民进一步强调，对人才培养的投入是收益最大的投入，人才资源的浪费是最大的浪费；要开发利用我国巨大的人力资源特别是人才资源，把我国的人口压力转化为人才资源优势，把我国由人口大国转化为人才资源强国。

人才资源是第一资源的重要思想，也是江泽民在综合分析日趋激烈的国际竞争态势后得出的重要结论。当时世界，以经济和科技实力为基础的综合国力竞争越来越激烈，而这种竞争在很大程度上是人才的数量和质量之争，也就是说，谁能占据人才的制高点，谁就能够在国际竞争中处于有利地位。江泽民在敏锐地把握这一国际竞争态势的基础上一再告诫全党，人才和人的能力建设，在综合国力竞争中越来越具有决定性的意义。2001年5月15日，在APEC人力资源能力建设高峰会议上，江泽民提出："开发人力资源，加强人力资源能力建设，已成为关系当今各国发展的重大问题。"江泽民之所以把人才工作提到这样的高度，是因为我国尽管有丰富的人力资源，但人才资源并不丰富，人才队伍的素质还不高，国际竞争力还不强。这就要求我们，以强烈的危机感和紧迫感，真正领会和把握好人才资源是第一资源的重要思想，从各方面采取更为有力的措施，把人才强国战略进一步落到实处，全面提高我国人才队伍的整体素质和创新能力，为建设创新型国家奠定重要基础。

1989年8月，中共中央下发《中共中央关于加强党的建设的通知》，要求认真考察领导干部，加强领导班子建设。强调选拔、任用干部，要注重干部的政治立场、思想品质、领导才能和工作实绩，防止和纠正片面强调年龄和文凭的倾向。不能用"生产力标准"取代德才兼备的原则，防止重才轻德。各级领导干部要严格执行党的民主集中制，坚决做到个人服从组织，少数服从多数，下级服从上级，全党服从中央。要坚持和健全党的民主生活制度，积极开展党内思想斗争，认真进行批评与自我批评，接受党员和群众的监督。要加强领导班子的思想作风建设，建立健全必要的工作制度，不断提高干部的素质。江泽民在庆祝中国共产党成立 70 周年大会上作了重要讲话，不仅提出了共产党人建设有中国特色的社会主义经济、政治、文化的庄严使命，而且特别强调了必须努力培养和造就千百万社会主义事业接班人。

着力培养造就大批高素质的领导人才，是江泽民人才思想所强调的关键环节。做好培养选拔领导人才的工作，关键是要按照党的干部队伍"四化"方针和德才兼备原则，把群众公认是坚定执行党的路线、实绩突出、清正廉洁的优秀人才特别是优秀中青年领导人才及时选拔到领导岗位上来。应当看到，不断培养造就中青年领导人才，是关系我们党的事业兴旺发达和长治久安的战略任务。这是因为，我们党领导的中国特色社会主义伟大事业，需要几代人、十几代人、几十代人的持续努力才能完成，是真正意义上的执政兴国的"接力赛"。因此，江泽民时常强调，全党同志特别是高级干部，要有战略眼光，要有老一辈无产阶级革命家的那种高瞻远瞩和宽阔胸襟，切实把培养造就一大批适应新世纪要求的中青年领导干部这

第三章
中国共产党对任人唯贤的不懈求索

项重大战略任务完成好。培养中青年领导干部的首要问题，是要努力提高他们的思想政治素质，使之成为忠诚于马克思主义、坚持走中国特色社会主义道路、会治党治国的新一代政治家。

1996年6月21日，江泽民在纪念中国共产党成立75周年座谈会上作了题为《努力建设高素质的干部队伍》的重要讲话。这个讲话，从关于建设高素质干部队伍的极端重要性和基本要求、关于干部的学习、关于干部的实践锻炼、关于干部的选拔任用、关于加强领导班子建设、关于培养优秀年轻干部六个方面，对建设高素质干部队伍做了一个全面的、系统的、深刻的总结。

江泽民指出："七十五年来，我们有一条基本的经验，这就是：党领导的事业要取得胜利，不但必须有正确的理论和路线，还必须有一支能够坚决贯彻执行党的理论和路线的高素质干部队伍。"在新的历史时期，我们要建设的高素质干部队伍，就是由具有社会主义政治家素质的领导骨干带领的德才兼备的干部队伍。这应当是一支包括党政干部、企业经营管理干部、科学技术干部和其他战线干部组成的宏大队伍。

不断优化人才工作的体制机制，以激活体制机制来盘活整个人才工作，是江泽民人才思想所强调的根本要求。他强调，要通过深化干部人事制度改革，建立能上能下、充满活力、促进优秀人才脱颖而出的用人机制，建立依靠群众积极参与和严格监督的选人机制，建立开放、灵活的人才市场配置机制，建立有利于人才合理有序的流动机制，等等。其目的，就是要使人才资源这个生产力中最活跃的因素真正活跃起来。

读懂任人唯贤

江泽民十分重视人才队伍的活力、效率、积极性问题。他在全面分析了干部工作中存在的论资排辈、求全责备和干部能上不能下、能进不能出，以及用人上任人唯亲、跑官要官、买官卖官等问题后深刻指出，这些问题的存在，根本的是没有真正形成富有生机与活力的用人机制，缺乏严格的人事工作规则和强有力的监督制度。因此，他提出，要以建立健全选拔任用和监督管理机制为重点，以干部工作的科学化、民主化、制度化为目标，深化干部人事制度改革，建立和完善能上能下、充满活力、促进优秀人才脱颖而出的用人机制，努力形成公开、平等、竞争、择优的用人环境。江泽民特别强调要扩大干部工作中的民主。他指出，要把坚持党管干部原则同坚持干部工作走群众路线结合起来，扩大群众的民主参与，落实群众对干部选拔任用的知情权、参与权、选择权和监督权，让群众参与选拔和监督干部的工作，有效防止考察失真、用人失误。这就启示我们，干部人事制度改革必须坚持以扩大民主为基本方向，把落实群众"四权"的要求贯穿于干部选拔使用的全过程，确保把人选得准、用得好、管得住。

党的十五大从推进党的建设新的伟大工程的战略高度，进一步强调要加快干部人事制度改革，深化干部人事制度改革，引入竞争激励机制，完善公务员制度，"尤其在干部能上能下方面取得明显进展"，并首次提出要开发人才资源，"建立一整套有利于人才培养和使用的激励机制"。2000年6月，中央批准下发《深化干部人事制度改革纲要》。2001年7月1日，江泽民提出要"加快干部人事制度改革步伐，努力推进干部工作的科学化、民主化、制度化"。从

第三章
中国共产党对任人唯贤的不懈求索

此,干部人事制度改革在不断深入,重点突破的基础上进入总体规划、整体推进的阶段。这段时期干部人事制度改革在提高干部选拔工作中的民主程度和公开程度重视干部教育培训的制度化建设、规范扩大干部交流工作、进一步完善干部考核工作、不断加强干部监督工作等方面取得了重大进展。

1994年9月,党的十四届四中全会通过的《中共中央关于加强党的建设几个重大问题的决定》,指出:"完善领导干部考核制度并与升降、奖惩制度相衔接。要全面考核干部的德、能、勤、绩,注重考核工作实绩,坚持领导与群众相结合的考核方法。有关部门要根据不同领导职务的不同特点,制定科学的考核体系和标准,对工作实绩进行全面考核和准确评价。根据考核结果实施升降奖惩,对不胜任现职的要果断调整。要使干部能上能下形成制度。"

2000年年初,在中央纪委四次全会上,江泽民深刻指出,治国必先治党,治党务必从严。对领导干部一定要严格要求、严格教育、严格监督;对领导干部的选拔任用一定要严格把关;对领导干部中发生的违纪行为一定要严肃查处。这是我们党在新形势下加强干部监督工作的重要指导方针。为了加强对干部监督工作的指导,中央组织部新组建了干部监督局。为了强化上级党组织的监督,中央纪委和中央组织部将联合派出巡视组,重点对省部级党政领导班子特别是"一把手"执行党的路线方针政策和廉政勤政情况进行监督检查。按照中央切实做好新形势下的干部监督工作的要求,各地和组织部门积极探索干部监督工作的新思路,进一步拓宽监督渠道,搞好党内监督、群众监督、法律监督、舆论监督、制度监督、自我监督、审计监督、组织监督。进一步拓宽干部监督工作领域和范围，实现监督的工作的全面性和真实性，真正做到领导干部权力行使到哪里，活动延伸到哪里，监督就实行到哪里，不留"空白地带。"

随着我国干部人事制度改革的深化，党对干部队伍和人才队伍实行了分级分类管理，不再以管理党政机关干部的方式去管理专业技术干部和企业经营管理干部，这是我国干部管理体制的一大改革和重要突破。同时，在经济成分、组织形式、就业方式、利益关系和分配方式"四个多样化"的社会环境下，人才的流动性显著增强，人才的社会分布更加广泛，人才的职业和身份变化空前频繁，所有这些，都对人才队伍特别是领导人才队伍的管理提出了新的更高的要求。只有坚持党管人才原则，加强党对人才工作的统一领导，才能更好地发挥党的领导核心作用，更好地发挥党组织的思想政治优势、组织优势和密切联系群众的优势，更好地统筹人才与经济社会的协调发展。

三、党的十六大后对任人唯贤的探索与实践

党的十六大以后，以胡锦涛同志为主要代表的中国共产党人坚持走科学发展道路，在新的历史起点上坚持和发展了中国特色社会主义。进入 21 世纪，面对国内外复杂多变的局势，党中央站在建设中国特色社会主义、实现中华民族伟大复兴的战略高度，继承前人形成的党的干部队伍建设思想，提出干部尤其是领导干部，要在科

第三章
中国共产党对任人唯贤的不懈求索

学发展观的指导下坚持正确的政绩观，反对各种形式主义和官僚主义，引导广大干部贯彻落实科学发展观。

胡锦涛在继承毛泽东、邓小平、江泽民人才思想的基础上，根据新世纪新阶段世情国情党情的新要求，坚持科学发展观，全面建设小康社会，继续推进实践创新和理论创新，提出并系统阐述了面向 21 世纪以人为本的人才强国战略思想。党的十七大鲜明提出，干部选拔要坚持"民主、公开、竞争、择优"原则，形成干部选拔任用科学机制。通过印发相关试行办法，有效防止和纠正"带病提拔""带病上岗"，从而提高选人用人水平。

以人为本是科学发展观的实质和核心，也是开展人才工作的根本要求。坚持以人为本，实施人才强国战略，要求我们在开展人才工作时，必须坚持以实现最广大人民的根本利益为出发点，必须统筹和协调人才的培养、使用和管理等各个方面和环节，大力推进素质教育，优化人才结构，使我国由一个人力资源大国转变为人才资源强国，同时依靠人才实现社会全面发展和国家强盛，充分发挥人才的战略作用、关键作用和先导作用。

充分发挥人的潜能，是坚持以人为本、促进人才现代化的根本要求。胡锦涛从科学发展执政兴国的高度，一贯强调人的能力发展和人力资源建设，是我国人才工作的重点，也是实现人才强国的基本要求。胡锦涛在全国人才工作会议上还指出，要确立人才优先发展战略布局，坚持服务发展、人才优先、以用为本；"激发各类人才创造活力，重点围绕用好用活人才、提高人才效能"。

围绕时代背景变化，胡锦涛强调我们党一路走来，从小到大、从弱到强,从胜利走向胜利,一个重要原因就是我们党历来高度重视选贤任能,始终把选人用人作为关系党和人民事业的关键性、根本性问题来抓。他还提倡建设一支自觉践行科学发展观、有能力促进科学发展的干部队伍。胡锦涛指出:"深入贯彻落实科学发展观,推动经济社会又好又快发展,关键在各级领导班子和领导干部",强调"要通过扎实有效的工作,切实提高各级党组织、各级领导班子、各级领导干部贯彻落实科学发展观的本领,努力把各级党组织建设成为贯彻落实科学发展观的坚强堡垒,把干部队伍建设成为贯彻落实科学发展观的骨干力量"。

党的十七届四中全会在党的文件中第一次提出了"提高党的建设科学化水平"的重大任务。胡锦涛指出:"提高党的建设科学化水平,说到底是要不断把握和自觉运用马克思主义执政党建设规律。"实现干部队伍建设科学化,主要包括三方面内容。一是坚持用科学理论指导干部队伍建设。自觉把握运用马克思列宁主义、毛泽东思想、邓小平理论、"三个代表"重要思想以及科学发展观指导干部队伍建设,自觉把握运用干部成长规律指导干部的选拔、培养、管理工作,深入学习马克思主义建党学说,丰富和发展干部队伍建设理论。二是大力提高干部队伍建设的制度化水平。进一步规范干部的选拔、培养、教育、管理、监督等工作,完善干部工作法规体系,形成完备科学的干部规程,促进干部队伍整体素质的提高。三是在干部队伍建设实践中注重运用科学方法。胡锦涛指出,加强和改进新形势下党的建设,既要有信心和决心,也要有科学方法,既要继承和发展党在长期实践中积累的成功方法,也要积极探索运用

第三章
中国共产党对任人唯贤的不懈求索

现代管理学、组织学、心理学等现代科学方法,借鉴外国政党的有益做法。并强调要重视信息网络技术的运用,各级干部要学习和熟悉信息网络,善于运用信息网络,提高运用信息网络进行引导和管理能力。

读懂任人唯贤

第四节　中国特色社会主义新时代践行任人唯贤

党的十八大以来，以习近平同志为核心的党中央极其重视将马克思主义基本原理同中华优秀传统文化相结合，任人唯贤的理念被赋予了新的时代价值与意义。习近平总书记指出："选什么人就是风向标，就有什么样的干部作风，乃至就有什么样的党风。我们要坚持正确的选人用人原则，真正把优秀人才聚集到党和人民的事业中来。"

一、坚持严的基调管党治吏

从严管党治党，是我们党的鲜亮底色和独特优势，是新时代党的建设的重要经验。党的十八大以来，全面从严治党取得历史性、开创性成就，反腐败斗争取得压倒性胜利并全面巩固。党的二十大召开前夕，中办印发《推进领导干部能上能下规定》，进一步优化了对不适宜担任现职干部的有关核实认定和调整程序、完善了有关调整安排方式。作为新时代干部工作的重大举措，这项制度充分彰显了我们深入推进全面从严治党、管党治吏的坚决态度。

党要管党，首先是管好干部；从严治党，关键是从严治吏。党

第三章
中国共产党对任人唯贤的不懈求索

的十八大以来,党中央坚持打铁必须自身硬,坚定不移全面从严治党,把从严管党治吏贯彻落实到干部队伍建设全过程,抓住管权治吏的要害、解决存在的突出问题,着力建设忠诚干净担当的高素质干部队伍,一系列成功做法和宝贵经验,确保党员干部更加坚定自觉地践行初心使命,确保党始终成为中国特色社会主义事业的坚强领导核心。

必须把政治标准放在首位,确保党员干部政治过硬、对党忠诚。党的二十大报告指出,坚持党中央集中统一领导是最高政治原则。进入新时代,我们坚持把政治标准放在首位来培养选拔干部,把严把紧政治关,推动党员干部深刻领悟"两个确立"的决定性意义,坚决做到"两个维护",在思想上政治上行动上同以习近平同志为核心的党中央保持高度一致。严明政治纪律和政治规矩,坚决防止和治理"七个有之"问题,坚决清除对党阳奉阴违的"两面人",消除党内存在的严重政治隐患、维护政治安全。

必须持之以恒纠"四风"树新风,确保党员干部以好作风好形象奋进新时代。党的二十大报告强调,党风问题关系执政党的生死存亡。党中央从制定和落实中央八项规定开局破题,抓铁有痕、踏石留印,持之以恒正风肃纪,刹住了一些长期没有刹住的歪风,纠治了一些多年未除的顽瘴痼疾。深入开展党的优良传统和作风教育,引导党员干部提高党性觉悟,推动形成正风肃纪、激浊扬清、刷新吏治的大变局。必须锲而不舍落实中央八项规定精神,抓住"关键少数"以上率下,持续深化纠治"四风",重点纠治形式主义、官僚主义,坚决破除特权思想和特权行为。

必须以零容忍态度惩治腐败，保持干部队伍的先进性和纯洁性。党的二十大报告强调，腐败是危害党的生命力和战斗力的最大毒瘤，反腐败是最彻底的自我革命。我们有案必查、有腐必惩，坚决严惩不收敛不收手的腐败分子，"打虎""拍蝇""猎狐"多管齐下，不敢腐、不能腐、不想腐一体推进，反腐败斗争取得压倒性胜利并全面巩固，消除了党、国家、军队内部存在的严重隐患，确保党和人民赋予的权力始终用来为人民谋幸福。十年猛药去疴、刮骨疗毒，我们不断纯洁党的肌体，赢得了保持同人民群众的血肉联系、人民衷心拥护的历史主动，赢得了全党高度团结统一、走在时代前列、带领人民实现中华民族伟大复兴的历史主动。

必须全方位扎紧制度笼子，从严监督管理干部。我们坚持制度治党、依规治党，形成比较完善的党内法规体系。健全党统一领导、全面覆盖、权威高效的监督体系，完善权力监督制约机制，实现对所有行使公权力的公职人员监察全覆盖，以党内监督为主导，促进各类监督贯通协调，让权力在阳光下运行。建立健全管思想、管工作、管作风、管纪律的从严管理体系，部署推动规范领导干部配偶、子女及其配偶经商办企业行为工作，完善领导干部报告个人事项制度，整治选人用人不正之风、"裸官"问题、政商"旋转门"问题等。对不履行或者不正确履行管党治党政治责任的党组织和领导干部，严肃追责问责，确保广大党员干部知责于心、担责于身、履责于行。

第三章
中国共产党对任人唯贤的不懈求索

二、把人才工作摆在治国理政大局关键位置

办好中国的事情，关键在党，关键在人。我们党之所以能够始终保持强大的创造力、凝聚力、战斗力，成为革命、建设、改革事业发展的中流砥柱，团结带领人民战胜各种艰难险阻、取得一个又一个胜利，一个十分重要的原因就在于高度重视培养造就能够担当重任的干部队伍。党的十八大以来，党中央从进行具有许多新的历史特点的伟大斗争出发，把干部队伍建设放在管党治党、治国理政的突出位置来抓，全面从严治党锻造出过硬干部队伍，推动党和国家事业取得历史性成就、发生历史性变革。新时代党员干部在急难险重中、在抗洪抗灾一线等发挥先锋模范作用、在担当奉献中践行初心使命，理想信念更加坚定、素质能力更加过硬、纪律作风更加严明、精神斗志更加饱满，展现出新的作为，焕发出新的气象。

《党政领导干部选拔任用工作条例》历经 2014 年、2019 年两次修订。"德才兼备、以德为先，五湖四海、任人唯贤"作为重要原则列入条例，指导坚持和加强党的全面领导，深入贯彻新时代党的组织路线和干部工作方针政策，落实党要管党、全面从严治党特别是从严管理干部的要求，坚持新时期好干部标准，建立科学规范的党政领导干部选拔任用制度，形成有效管用、简便易行、有利于优秀人才脱颖而出的选人用人机制，推进干部队伍革命化、年轻化、知识化、专业化，建设一支高举中国特色社会主义伟大旗帜，以马克思列宁主义、毛泽东思想、邓小平理论、"三个代表"重要思想、科学发展观、习近平新时代中国特色社会主义思想为指导，忠诚干净担当的高素质

读懂任人唯贤

专业化党政领导干部队伍,保证党的基本理论、基本路线、基本方略全面贯彻执行和新时代中国特色社会主义事业顺利发展。

党的十八大以来,习近平总书记站在党和国家事业发展全局的战略高度,为我国人才队伍建设擘画蓝图,提出了一系列新思想新论断新要求:提出选人用人是风向标,把选人用人与干部作风乃至党风联系起来,要求各级党委及组织部门要坚持党管干部原则,"坚持正确用人导向,坚持德才兼备、以德为先,努力做到选贤任能、用当其时,知人善任、人尽其才";提出新时代干部选任体系,即"建立以德为先、任人唯贤、人事相宜的选拔任用体系",其中,放在第一位的是政治标准;提出"要树立强烈的人才意识,寻觅人才求贤若渴,发现人才如获至宝,举荐人才不拘一格,使用人才各尽其能";提出要"坚持五湖四海、任人唯贤,广开进贤之路""把党内和党外、国内和国外等各方面优秀人才吸引过来、凝聚起来"……在这些重要论述的指导下,新时代党的人才队伍建设焕发出勃勃生机,大量优秀人才脱颖而出,在各行各业发挥了示范带动作用。

"好干部"标准,是我们党的干部队伍选拔任用的重要参考依据,也是我们党对干部工作的经验总结。习近平总书记指出,好干部标准从大的方面来说,就是德才兼备,但其又是具体的、历史的,在不同的历史时期,内涵又有所差异。习近平总书记在继承我国革命、建设、改革三个历史时期的"好干部"标准基础上,对干部队伍选拔任用标准提出一系列新思想新观点新论断,不断拓展新时代好干部标准的内涵和外延,概括起来就是"好干部要做到信念坚定、

第三章
中国共产党对任人唯贤的不懈求索

为民服务、勤政务实、敢于担当、清正廉洁"。这"二十字"的好干部标准充分凸显了习近平总书记对干部队伍"政治关、品行关、作风关、廉洁关"等方面的高度重视,这也为干部队伍建设指明了前进的方向。此外,习近平总书记还在多个场合对干部提出要求。如他对政法队伍提出"政治过硬、业务过硬、责任过硬、纪律过硬、作风过硬"的要求。他强调县级干部在"四个全面"中作用突出,要始终做到"心中有党、心中有民、心中有责、心中有戒"等。在总体把握好干部标准的基础上,各行各业还应根据实际情况将标准阐述得更加具体化。总体而言,具体标准与"二十字"好干部标准在本质上是一致的,二者统一于干部队伍建设的伟大实践中,是各行各业干部成长发展的标杆。

对于选人用人这一事关国家发展全局的关键问题,习近平总书记明确指出:干部队伍的选拔任用要坚持党管干部原则,坚持德才兼备、以德为先、五湖四海、任人唯贤,把新时代好干部标准落到实处。他强调要褒奖、重用那些能力强、清正廉洁、真心实意服务群众、深得群众拥护的干部,以此凝聚党心民心。这"四个坚持"严格规定了干部队伍选拔任用的根本标准,对党正风肃纪和净化政治生态具有重要意义,为新时代党的干部队伍选拔任用提供了根本遵循。

第一,坚持党管干部原则。确保党始终发挥坚强有力的领导作用,是巩固和维护国家稳定发展的重要保证,做好党的各项工作必须坚持这一根本原则。中国共产党创建之初,党员人数较少,为了取得革命的成功,早在新民主主义革命时期,毛泽东就已提出党管干部这一原则。通过党对领导干部的统一调配、集中管理这一方式,有效解决干部队伍建设中存在的问题，使党内权威和秩序得以重新确立起来。中国共产党成立百余年以来，这一原则不但没有过时，反而随着时代的境迁愈加体现鲜明的时代特质。

第二，坚持德才兼备、以德为先。这一选人用人导向是一个亘古不变的命题。自古以来，历朝历代的统治者在选拔人才时，不仅要考核一个人的才能，更注重考察德行。只有兼备其职位的专业能力和敢于担当、乐于奉献的干部精神，为官方可造福一方。习近平总书记强调在选拔人才时，必须坚持正确的选人用人导向，同时还要开展理论学习教育，从根源上消除本领恐慌，堵住腐败通道。

第三，坚持五湖四海、任人唯贤。五湖四海、任人唯贤是我们党在选拔人才时的基本路线和一贯主张。自中国共产党诞生之日起，尤其注重接纳人才，党的队伍中的人均来自全国各地，大家因为共同的革命目标走到了一起。此外，毛泽东主张任人唯贤，对张国焘"任人唯亲"的干部路线作出批评。习近平总书记在此基础上拓宽了人才选拔任用的视野，打破了地域、出身、部门、行业之间的限制，对有本领、会干事大胆使用，不拘一格选人用人。

第四，坚持事业为上、公道正派。选人用人问题是事关党和人民事业的根本性问题，坚持事业为上是选人用人的首要基准，公道正派是基本要求。干部队伍是推动国家发展的中坚力量，必须注重从党和人民事业需要出发，公道正派地选人用人。进入新时代以来，我们党面临的矛盾和挑战更加深刻复杂，迫不及待地需要建设一支能干事、敢担当、善作为的高素质干部队伍打开工作局面。

三、着力推动干部队伍结构优化

结构决定功能,一个地方干部队伍的结构优劣、能力大小和素质高低,直接决定了当地社会和经济发展水平的高低。科学合理的干部队伍结构,是充分发挥整体合力的基础和前提。优化干部队伍结构,增强整体合力,是加强干部队伍建设的重要课题,也是提高领导水平和效能的重要前提条件。要优化班子结构,做好梯队建设,全面审视短期、中期和长期需要关系,合理调配数量结构、年龄结构和专业结构,加大对一线干部、少数民族干部、女干部、党外干部的选拔任用和交流力度,激发干部队伍整体活力。习近平总书记关于干部队伍结构优化的具体举措主要体现在优化干部队伍年龄结构、民族成分和男女比例等方面,有力地促进了干部队伍的良性发展。

首先,优化干部队伍年龄结构,大力培养选拔年轻干部。青年是国家的未来,民族的希望,是党和人民事业兴盛的关键所在。习近平总书记强调:"培养选拔年轻干部,事关党的事业薪火相传,事关国家长治久安",干部培养选拔要极力避免"论资排辈"的片面做法,防止"带病提拔",把选拔任用重心转移到改进方式、优化结构、提高质量上来,大力储备年轻干部,注重安排他们到基层最艰苦的岗位上去培养锻造,源源不断地为我们党输送通过实践考验的"新鲜血液"。同时,还要充分激发中老年干部的干事创业热情。坚持中青老年干部相结合的用人传统优势,保证党在用人上的可持续性和合理的梯队结构,从而使干部队伍形成最大合力。

其次,优化干部队伍男女比例,统筹培养选拔好女干部。历史和现实表明,女性在人类社会进程中扮演着重要的角色,不可或缺。一直以来,习近平总书记始终坚持男女平等的基本国策、注重保障女性权益。党的十八大以来,国家制定有利于妇女参政的政策措施,积极推动妇女参与国家和社会事务管理,重视发挥妇女在民主政治建设中的作用。在推进国家治理体系和治理能力现代化的进程中,妇女参与决策和管理的渠道不断拓展,参与水平进一步提高。习近平总书记指出,"要增强妇女参与政治经济活动能力,提高妇女参与决策管理水平,使妇女成为政界、商界、学界的领军人物"。同时,社会主义民主是全民的民主,提高女性干部的参政比例,提升其参政水平,也是推进社会主义民主进程的内在要求。

最后,优化干部队伍民族成分,培养选拔少数民族干部。我国是一个由多民族组成的国家,这既是我国的一大特色,也是实现民族复兴的一大有利因素。中国共产党历届主要领导人反复强调少数民族干部对推进民族工作发挥着重要作用。新中国成立到现在,我们党着力培养了一支优秀的少数民族干部,有力地促进民族团结,使少数民族地区经济发展水平得到极大的提升,缩小各地区、各民族间的发展差距。党的十八大以来,由于境内外敌对势力逐渐抬头,企图破坏我们各民族之间的团结、稳定,使得民族复兴和民族工作面临的形势更加严峻复杂。习近平总书记指出,"做好民族工作关键在党、关键在人,要坚持德才兼备的原则,大力培养选拔少数民族干部"。他站在国家战略层面的高度,强调紧抓少数民族地区的干部队伍建设,做好各民族团结的一切工作,全线贯通党和各少数民族沟通的桥梁，实现各民族共同繁荣。

四、以实践筑牢人才基石

实践是理论的基础和来源。习近平总书记在干部队伍建设重要论述中强调："要有逢山开路、遇河架桥的意志，为了创新创造而百折不挠、勇往直前。要有探索真知、求真务实的态度，在立足本职的创新创造中不断积累经验、取得成果。"

在浙江工作期间，习近平同志十分重视实地调研，深入了解基层和群众的实际情况，善于与社会各群体交朋友，到田间、厂矿、群众和社会各层面中去发现问题根源，进而找到解决问题的办法。此外，他还强调在"温室"里培养不出优秀的干部，只有把其放到最艰苦的岗位上去实践、磨炼，才能具备优秀干部的基本素质，而不是一味地为其铺好成长的"路子"。同时，他推行"领导下访制度"。尤其是地方一把手，要加强和人民群众的密切联系，切身了解群众最关心的实际问题，而非事事都由下属代为处理。

新时代，我们党十分注重强化实践锻炼。提升干部在重大斗争中的应变能力，才能增强干事创业本领，促使党的干部履行好党和人民赋予的职责使命。

一是提高战略思维能力。善于运用战略思维研究和解决实际问题是中国共产党战无不胜的重要法宝。习近平总书记强调："全党要提高战略思维能力，不断增强工作的原则性、系统性、预见性、创造性。"党员干部要辨清大局、判明大势、着眼大事，善于因势而谋、应势而动、顺势而为。实践充分证明，只有不断提高战略思维能力，才能在复杂多变的形势面前看得透、把得准，才能在重大风险挑战面前想得深、谋得远，才能在纵横交错的事物联系中抓得准、把得住，才能在新的发展阶段中行得远、走得稳。

二是提高防范化解风险能力。新时代新征程中战略机遇和风险挑战并存，我国发展面临着许多不确定、难预料因素的严峻考验。党员干部要充分认识防范化解重大风险的重要性和紧迫性，树立底线思维，不断提升应对新情况新问题的能力，既要有防范风险的先手，能够科学研判形势发展走势中的各类风险隐患与威胁因素，强化防范化解重大风险的政治自觉和责任担当；又要有化解风险的妙招，注重堵漏洞、强弱项，加强灾害事故的应对处置，维护社会大局稳定。

三是提高攻坚克难能力。习近平总书记多次强调要埋头苦干、真抓实干，勇于善于攻坚克难，确保党中央大政方针落实到位。面对党和国家事业发展过程中的硬骨头、拦路石、深水区，领导干部决不能"遇到问题绕着走、碰到矛盾躲着走、看见难点低头走"，而要以破釜沉舟的勇气、背水一战的决心，敢于向难点开刀、向险滩亮剑；以"抓铁有痕、踏石留印"的智慧和毅力，逢山开路、遇水搭桥；以"钉钉子精神"在纷繁复杂的局面中找准重点、抓住关键，不断通过化解难题开创工作新局面。

习近平总书记指出："我的执政理念，概括起来说就是：为人民服务，担当起该担当的责任。"担当是政治责任，党员干部要自觉把个人的命运与国家民族的命运联系在一起，把个人的追求融入党

第三章
中国共产党对任人唯贤的不懈求索

和人民的事业之中，勇于直面问题与挑战，敢担事、愿干事、能成事，把为民谋利作为一切工作的首要任务，把为民造福作为最重要的政绩，以实际行动践行共产党人的使命担当。党员干部不但要有敢担当的"硬气"，更要有能担当的"底气"。中国特色社会主义新时代为党员干部的成长进步和干事创业创造了机遇和平台，也提出了新的要求和挑战。党员干部在处理复杂问题时，在面对重大突发事件时，在面对群众关心的热点难点问题时，要积极主动想办法、找出路，不断探索创新、积累经验，在工作历练中提升能力、增长才干，逐步练就为党和人民担当尽责的本领。同时，组织也要旗帜鲜明地为敢于担当者担当，坚持严管和厚爱结合，既要让干部放下包袱、轻装上阵，又要防止干部"带病上岗"，让想干事者有机会、能干事者有舞台、干成事者有地位。

要加强综合分析研判，在明确每个领导岗位专业性质、工作职责、工作内容的基础上，定期分析人岗匹配情况，制定分类储备管理机制和干部能上能下机制。要建立崇尚实干、带动担当、加油鼓劲的正向激励体系，不拘一格提拔干事创业成绩优良的干部，充分发挥"闯创干"三型干部先进典型的示范带动作用。

从旗帜鲜明坚持党管干部原则，到明确"信念坚定、为民服务、勤政务实、敢于担当、清正廉洁"的新时代好干部标准，立起了选人用人的时代标尺，到强调"对领导干部，要求就是要严一些"，再到开创性提出新时代党的组织路线，强调着力培养忠诚干净担当的高素质干部，着力集聚爱国奉献的各方面优秀人才，坚持德才兼备、以德为先、任人唯贤，实现新时代选人用人方针原则的守正创新……习近平总书记鲜明提出一系列重大思想、重大观点、重大论断，为建设高素质干部队伍提供了根本遵循。十多年来，党中央坚定不移全面从严治党，在加强党的全面领导、健全党的组织体系、完善选人用人标准和工作机制、健全党内政治生活和组织生活制度等方面采取了一系列举措，并同强化党的理论武装、加强党的作风建设、严肃党的纪律、深入开展反腐败斗争等相协调，在革命性锻造中加强党的干部队伍建设。

第三章
中国共产党对任人唯贤的不懈求索

第五节　中国共产党任人唯贤的用人智慧

任人唯贤的用人标准是中华优秀传统文化的重要组成部分，也是中国特色社会主义制度和国家治理体系的重要内容。中国共产党不断赋予任人唯贤新的时代价值与意义，使之永远保持活力、经久不衰，形成了鲜明的中国特色。几代领导人的人才思想，既一脉相承又与时俱进。如果说马克思主义人才观为党的人才思想奠定了科学理论基础，那么，毛泽东则实现了马克思主义人才思想的中国化；邓小平完成了人才工作重心由"革命"向"建设"的根本转变；江泽民在市场经济条件下全面创新了党的人才思想；胡锦涛则把人才思想上升到强国方略的高度，确定了21世纪人才工作的战略地位和战略部署。习近平总书记在中国特色社会主义进入新时代的时代背景下，围绕人才工作发表的一系列重要论述，立意高远，内涵丰富，思想深刻，深刻回答了为什么建设人才强国、什么是人才强国、怎样建设人才强国的重大理论和实践问题，对于全面贯彻新时代人才工作新理念新战略新举措，深入实施人才强国战略，加快建设世界重要人才中心和创新高地，为以中国式现代化全面推进强国建设、民族复兴伟业提供人才支撑、打好人才基础，具有十分重要的意义。这充分显示了我党对"人才本质"发展规律的认识和把握日益深刻而明确，是对马克思主义的创新和发展。

一、党管人才：选人用人重要原则

党管人才原则的核心是党领导人才工作，在人才的吸引、选拔、培养、使用、评价、激励各个环节都要坚持党的领导。在新民主主义革命时期、社会主义革命和建设时期、改革开放和社会主义现代化建设新时期、中国特色社会主义新时代的不同历史发展时期，党对人才的管理贯穿了人才工作的全部环节。

用人权是最重要的执政权之一，"党管干部"的核心是保证党对干部选拔任用工作的绝对领导。我们党一路走来，在干部管理的具体环节上虽然多次调整，但党管干部原则一直没有改变，这是我们的事业取得成功的决定性因素。党的十八大以来，习近平总书记反复强调，必须坚持党管干部原则、发挥好党组织在选人用人工作中的领导把关作用。

（一）着力破除"四唯"

总结选任用人经验，新时代干部人才工作强调破除唯票、唯分、唯GDP、唯年龄"四唯"。就解决唯票问题，习近平总书记指出，推荐票只能作为用人的重要参考，不能作为用人的唯一依据。领导班子、分管领导和组织部门最了解干部的德才和实绩，他们在推荐干部方面的权重应该适当加强。就解决唯分问题，习近平总书记指出，公开选拔和竞争上岗的范围和规模要合理，不宜硬性规定竞

第三章
中国共产党对任人唯贤的不懈求索

争性选拔比例,更不能搞什么"凡提必竞"。就解决唯GDP问题,习近平总书记指出,要改进考核方法手段,既看发展又看基础,既看显绩又看潜绩,把民生改善、社会进步、生态效益等指标和实绩作为重要考核内容,再也不能简单以国内生产总值增长率来论英雄了。就解决唯年龄问题,习近平总书记指出,培养选拔年轻干部,事关党的事业薪火相传,事关国家长治久安。优化干部队伍年龄结构,并不意味着提拔任用每个干部都要是年轻的,也不是每个班子都要硬性配备年轻干部,更不是不同层级领导班子成员任职年龄层层递减,要使班子形成合理的梯次配备。

(二)注重公道正派

公道正派选人用人,让用人风气真正纯洁起来。要着眼于党的事业发展需要选人用人,公道对待干部,公平评价干部,公正使用干部。坚决整治"关系网""潜规则"等不健康因素,严肃整治违反党的组织人事纪律行为,对跑官要官、买官卖官的决不姑息,让人民群众真切感受到"官"是"干出来的",不是"跑出来的",使用人之风真正纯洁起来。

必须按照规矩选人用人,严格选拔纪律。《党政领导干部选拔任用工作条例》规定,选拔任用党政领导干部,应当按照干部管理权限由党委(党组)集体讨论作出任免决定,或者提出推荐、提名的意见,不准利用职务便利私自干预下级或者原任职地区、单位干部选拔任用工作。要敢于坚持原则,有那么一种只问是非、不计得失的气节,不为人情关系所缚,不为歪风邪气所扰,不为个人得失所困，敢于为好干部说公道话，让好干部真正受尊重、受重用，让那些阿谀奉承、弄虚作假、不干实事、会跑会要的干部真正没市场、受惩戒。

二、诚心选才：不拘一格选人才

新民主主义革命时期，中国共产党人在革命斗争的实践中总结确立了选拔任用干部的标准和路线，包括"德才兼备"的干部标准和"任人唯贤"的干部路线。社会主义革命和建设时期，毛泽东十分重视人才道德修养。在选人标准上，毛泽东认为选拔人才的首要标准是"德"，同时人才还应具备坚定的理想信念、良好的政治素养；在选人方式上，他强调要不拘一格，知人善任，不唯学历，唯才是举；既往不咎，唯才是用；破除旧历，大胆革新。毛泽东鼓励有真才实学的人充分发挥他们的聪明才智，例如，他曾任用自学成才的萧楚女为主编助理和教员，任用自学成才的田家英为秘书等。

改革开放和社会主义现代化建设新时期，在选人标准上，邓小平认为，人才应兼备能力与社会主义道德标准，应选拔德才兼备的人进班子。在选人方式上，邓小平认为要不拘一格选贤任能。在人才来源上，邓小平强调要善于发现人才，指出人民群众中"有能干的人，我们要积极地去发现，发现了就认真帮"。他不仅要求领导干部积极发现人才，而且以身作则，自己利用外出视察工作的机会到基层中去发现人才。

中国特色社会主义进入新时代，习近平总书记高度重视选人用人，强调"选什么人就是风向标，就有什么样的干部作风，乃至就有什么样的党风"。在干部标准上，习近平总书记在党的十九大报告中指出，要坚持"德才兼备、以德为先，坚持五湖四海、任人唯贤，坚持事业为上、公道正派，把好干部标准落到实处"，还要"突出政治标准"，赋予了干部选拔任用标准新的时代内涵。在人才来源上，习近平总书记坚持"五湖四海"的原则，提出坚持干部工作"一盘棋"的思想，拓宽了选人用人的视野和渠道。

三、真心爱才：营造重视人才、关爱人才的氛围

社会主义革命和建设时期，毛泽东十分重视干部的作用，强调善于使用干部，一是要会识别干部，二是要关心、爱护干部。他认为，爱护的办法是要指导干部、提高干部、检查干部工作、说服并且帮助犯错误的干部改正错误、照顾干部的困难。此外，毛泽东还提出不仅要关心、爱护党内干部，也要关爱党外干部。

改革开放和社会主义现代化建设新时期，邓小平纠正轻视知识分子的社会氛围，提出要"尊重知识、尊重人才"，高度重视人才的地位和作用。江泽民提出，要使用好人才就必须爱护好人才，人才资源是第一资源，作为素质最高、贡献最大的优秀分子，人才是最宝贵的财富，必须爱惜、爱护他们。胡锦涛指出：人才问题是关系党和国家事业发展的关键问题。全党同志必须从全局和战略的高度，以高度的政治责任感和历史使命感，把实施人才强国战略作为党和国家一项重大而紧迫的任务抓紧抓好。

中国特色社会主义进入新时代，习近平总书记关于人才工作的重要论述中多次强调对人才的重视。习近平总书记在党的十九大报告中提出，"人才是实现民族振兴、赢得国际竞争主动的战略资源"；在党的二十大报告中强调，"教育、科技、人才是全面建设社会主义现代化国家的基础性、战略性支撑"，将人才的地位提高到了战略资源的高度。习近平总书记关于做好新时代人才工作的重要思想作为马克思主义人才思想中国化时代化的最新成果，指引中国特色社会主义人才建设不断迈向新的高度、创造新的经验、取得新的成就。

四、悉心育才：为党育人，为国育才

一百多年来，中国共产党始终坚持"为党育人，为国育才"的初心，培养了一大批德才兼备、全面发展、为民服务的优秀人才，为党和人民的民族复兴伟业作出了重要贡献。

新民主主义革命时期，陈独秀认为应通过学校教育、社会教育、家庭教育共同合力来培养人才；李大钊不仅重视教育对人的培养作用，也重视在政治运动和社会运动实践中对人的培养。毛泽东在继承马克思主义的认识论和教育观、中国古代教育思想并结合革命实践对人才的客观需求的基础上，提出了实践育人的观念。他创造性地提出，知识青年要到实际斗争中去，要与工农相结合，要建立干部参加生产劳动的制度，通过调查研究、接触实际使他们更好成长。

社会主义革命和建设时期，中国共产党在新中国成立初期采取了一系列措施来培养人才。例如，党中央通过开设各种干部学校来培育新参加革命的知识分子,对原有科技人员采取"全部包下来"和合理安排的政策,对高校布局进行了较大调整。这一时期,党中央先后出台了关于干部管理的相关指示文件。

改革开放和社会主义现代化建设新时期,在培养人才的标准上,邓小平提出,要培养有理想、有道德、有文化、有纪律的"四有"新人;在培养途径上,邓小平强调通过办好教育、进行教育体制改革、办好成人教育,鼓励人们在实践中自学成才的方式培养人才,并且完善了干部培训制度,为干部和人才发展提供了更加完备的制度保障,为社会主义现代化建设培育了德才兼备的人才。

中国特色社会主义进入新时代,党的十九大报告指出,要"培养造就一大批具有国际水平的战略科技人才、科技领军人才、青年科技人才和高水平创新团队",明确了国家战略人才力量的组成。党的二十大报告指出,要"坚持教育优先发展、科技自立自强、人才引领驱动,加快建设教育强国、科技强国、人才强国,坚持为党育人、为国育才,全面提高人才自主培养质量,着力造就拔尖创新人才,聚天下英才而用之"。

五、精心用才:盘活人才资源,激发人才活力

毛泽东非常重视对干部的使用,敢于重用青年人,把青年看作国家的未来、民族的希望。除此之外,他还强调使用人才要用人所长,例如,他认识到刘伯承在军事教育方面的才能,同意刘伯承任中国人民解放军军事学院院长,进而培养了一大批新型军事干部,

推动了中国军队的现代化和正规化建设。

邓小平指出,要勇于改革不合时宜的组织制度、人事制度,积极推动用人制度改革,完善交流制度、能上能下制度、退休制度、考核制度和弹劾制度,废除领导干部终身制。在人才的使用上,邓小平强调要大胆使用人才,使用中要发挥人才专长,调动人才积极性;破除论资排辈、求全责备的保守意识,唯贤是举;为人才解决实际问题与后顾之忧,更好发挥人才作用。

中国特色社会主义进入新时代,为充分发挥人才长处、激发人才活力,不断深化人才发展体制机制改革,习近平总书记多次强调建立和完善人才流动机制,促进人才在社会上的横向和纵向流动以及在不同行业、地区间的流动;深化人才评价机制改革,健全职称评价体系,科学化职称评价标准;加快构建人才自我监督机制和外部监督机制;完善人才激励机制,促进人才创新意识和创新能力的提高。

六、雅量容才:打造包容人才、尊重人才的环境

毛泽东始终强调只有尊重人才,才能发挥人才的积极性,才能把革命事业干成功。除了尊重人才,毛泽东还坚持包容人才,包容人才之长、包容人才之短。

邓小平指出,一定要在党内造成一种空气:尊重知识、尊重人才。党的十六大报告提出"尊重劳动、尊重知识、尊重人才、尊重创造"的"四个尊重"重大方针。除了尊重人才,邓小平还提出要

第三章
中国共产党对任人唯贤的不懈求索

破除求全责备的观念,包容人才的缺点,放手用人。

中国特色社会主义进入新时代,习近平总书记提出:"环境好,则人才聚、事业兴;环境不好,则人才散、事业衰。"为了更好发挥人才作用,要形成尊重人才、包容人才的良好氛围和环境。包容人才要做到包容人才的多样性、包容人才的不足、包容人才的失误。习近平总书记指出:"要在全社会积极营造鼓励大胆创新、勇于创新、包容创新的良好氛围,既要重视成功,更要宽容失败。"只有营造尊重、包容人才的环境,对失败者不求全责备,才能帮助人才树立信心,更好地发挥人才作用。

七、聚智汇才:聚天下英才而用之

新民主主义革命时期,毛泽东重视对党内党外干部的汇聚,提出要把他们的积极性组织到抗日和建国的伟大事业中去。例如,延安时期,毛泽东高度重视民主人士李鼎铭向中国共产党提出组建边区政府的"三三制"方案,不仅采纳了他的意见,而且让他出任边区政府主席。抗日战争时期,毛泽东团结农民、工人、革命知识分子、城市小资产阶级、民族资产阶级各个阶级的力量,建立起抗日民族统一战线,共同反抗帝国主义的侵略。新中国成立后,为了提升科技水平、实现社会主义工业化,党中央制定了一系列方针政策,吸引大量海外学子并力邀留学人员回国效力,缓解了当时国内人才极度匮乏的局面。在钱学森回国受到阻挠之时,周恩来成功帮助钱学森回国,由于钱学森为国效力,中国的导弹、原子弹发射至少向

读懂任人唯贤

前推进了 20 年，这体现出党汇聚天下英才而用之的魄力。

改革开放和社会主义现代化建设新时期，随着党和国家工作中心向经济建设转移，需要汇聚人才投入经济建设之中，邓小平首先为知识分子正名，提出"尊重知识、尊重人才"，并恢复高考制度，通过高考选拔汇聚优秀青年人才，为经济建设增加青年人才储备。江泽民提出，只有善于聚才，才能不断壮大我国的人才队伍，提高人才质量，增强人才凝聚力。胡锦涛指出，各级各类高技能人才和农村实用人才、青年人才、妇女人才和少数民族人才等，在党和国家事业中有着不可替代的重要作用，必须纳入总体规划，认真抓好队伍建设。

中国特色社会主义进入新时代，习近平总书记提出："我们要以识才的慧眼、爱才的诚意、用才的胆识、容才的雅量、聚才的良方，广开进贤之路，把党内和党外、国内和国外等各方面优秀人才吸引过来、凝聚起来，努力形成人人渴望成才、人人努力成才、人人皆可成才、人人尽展其才的良好局面。"这是对中国共产党一百多年来人才工作实践向度的总结，是新时代背景下中国共产党在对人才发展规律和人才工作认识不断深化基础上提出的未来人才工作的实践要求。

04
第四章

新时代新征程继续践行任人唯贤

第四章
新时代新征程继续践行任人唯贤

新时代新征程,我们要坚定践行习近平总书记关于做好新时代人才工作的重要思想,深入贯彻落实全面从严治党战略方针,深入推进从严管党治吏,全面贯彻新时代人才工作新理念新战略新举措,深入实施人才强国战略,加快建设世界重要人才中心和创新高地,为全面建设社会主义现代化国家、全面推进中华民族伟大复兴提供有力支撑。

第一节 深入实施人才强国战略

聚天下英才而用之,关键是形成具有吸引力和国际竞争力的人才制度体系。要深化人才发展体制机制改革,实行更加积极、更加开放、更加有效的人才政策;进一步向用人主体放权、为人才松绑,破除人才引进、培养、使用、评价、流动、激励等方面的体制机制障碍;聚焦"卡脖子"领域,加大"高精尖缺"和基础研究人才培养支持力度,弘扬科学精神、工匠精神,形成良好学风和科研氛围,充分激发创新创造活力。要加强政治引领和政治吸纳,引导广大人才把爱国之情、强国之志转化为报国之行,自力更生、艰苦奋斗、勇攀高峰。

一、坚持党对人才工作的全面领导

办好中国的事情,关键在党、关键在人、关键在人才。习近平总书记强调:"要坚持党管人才原则,聚天下英才而用之,加快建设人才强国。"党的十八大以来,党对人才工作的领导全面加强,党管人才的领导体制和工作格局不断完善,党建工作和人才工作深度融合、互促共赢,实现了"增人数"和"得人心"的有机统一。实施

第四章
新时代新征程继续践行任人唯贤

人才强国战略必须坚持中国共产党的集中统一领导,这将有利于突破资源发展瓶颈,统一布局人才培养模式,形成人才集聚效应和人人尽展其才的良好局面。

习近平总书记强调:"我们党作为百年大党,如何永葆先进性和纯洁性、永葆青春活力,如何永远得到人民拥护和支持,如何实现长期执政,是我们必须回答好、解决好的一个根本性问题。"只有不断加强政治引领和政治吸纳,才能永葆党的蓬勃生机活力。中国共产党从最初的50多名党员,到现在9900多万名党员,之所以能够保持旺盛的生命力,一个重要因素就是始终做到吐故纳新,聚拢优秀人才。做好新时代人才工作,要注重把好政治关口,加强思想引领,强化党的理想信念教育、社会主义核心价值观的引导,增强各类人才对党的政治认同感和向心力,忠诚为党的事业服务,并在此过程中实现个人价值。

新征程上,坚持党对人才工作的全面领导,要落实管宏观、管政策、管协调、管服务的要求,做好总体规划制定、重要政策统筹、重大工程策划、重点人才培养等全局性、战略性工作,充分调动各方面力量形成人才工作强大合力。《中国共产党组织工作条例》对党的人才工作作出规定,明确要求"形成党委统一领导,组织部门牵头抓总,有关部门各司其职、密切配合,用人单位发挥主体作用、社会力量广泛参与的党管人才工作格局"。为激活人才力量,各级党委都要形成系统的人才发掘、培养、使用方案,既要普遍引领,又要个性化培育,统筹人才队伍建设,实现党管人才的最大效能。

坚持党对人才工作的全面领导,是做好人才工作的根本保证。

以习近平同志为核心的党中央从统筹中华民族伟大复兴战略全局和世界百年未有之大变局的战略高度，对加快建设人才强国作出战略谋划，提出"加快建设世界重要人才中心和创新高地"。党的十八大以来，我们持续营造识才爱才敬才用才的良好环境，加大科技投入力度，提升重大科技突破奖励额度，善待人才、包容人才，促进了人才的竞相涌流。在脱贫攻坚、全面建成小康社会、抗击新冠疫情等重大任务面前，各类人才发挥了显著作用。

习近平总书记指出："我们社会上要营造氛围，推动形成尊重人才的风尚，对他们的崇敬、热爱、关心，要超过流量明星等，这是一个国家的希望所在。"着力加快建设世界重要人才中心和创新高地，要对标国际先进水平，做好顶层设计，完善人才战略布局，加快形成人才发展战略支点和雁阵格局。要着力建设高水平人才高地和吸引集聚人才的平台，构建人才创新生态系统，厚植人才资源竞争优势，激发人才创新创造活力，把各方面优秀人才集聚到党和人民事业中来。

二、实施聚天下英才而用之的人才政策

现阶段，我国人才规模仍然不能满足中华民族伟大复兴和全面建设社会主义现代化强国的需要，人才发展体制和管理制度还存在诸多需要改进的地方，打破官本位、为人才服务的行政服务机制尚待健全，解决"卡脖子"问题的人才创新能力还有待加强。因此，要有全面实施"聚天下英才而用之"的战略思想，充分激发广大科

第四章
新时代新征程继续践行任人唯贤

技人员积极性、主动性、创造性。

习近平总书记在中央人才工作会议上提出,人才工作要"坚持面向世界科技前沿、面向经济主战场、面向国家重大需求、面向人民生命健康"。这"四个面向"回答了新时代人才工作朝什么方向努力、向什么目标发展的重大问题,为做好新时代我国人才工作提供了基本遵循。坚持"四个面向",全方位培养、引进、用好人才,在培养"大国工匠""科技帅才""铸剑英才"方面积极作为,才能更好地服务国家战略,激励各类人才建功立业。

三、加快建设世界重要人才中心和创新高地,着力形成人才国际竞争的比较优势

党的二十大报告将教育、科技、人才作为一个专章部署,并明确指出"要加快建设世界重要人才中心和创新高地,促进人才区域合理布局和协调发展,着力形成人才国际竞争的比较优势"。展望未来、放眼全球,统筹中华民族伟大复兴战略全局和世界百年未有之大变局,我们需要在全世界范围内扩大科技领域开放合作,推动科技创新成果惠及更多国家和人民。

统计显示,我国已成为全球规模最宏大、门类最齐全的人才资源大国。据统计,全国人才资源总量从 2010 年的 1.2 亿人增长到 2019 年的 2.2 亿人,其中专业技术人才从 5550.4 万人增长到 7839.8 万人。2019 年,各类研发人员全时当量达到 480 万人(年),居世界首位。在全球创新指数排名中,我国从 2012 年的第 34 位上升到

2022 年的第 11 位。2021 年回国创新创业的留学人员首次超过 100 万名。从科技创新前沿到疫情防控战场,从田间地头生产一线到浩瀚宇宙中的航天探索,每一处闪亮、每一点成功都播撒着人才的汗水、凝结着人才的智慧。我国人才队伍快速壮大,人才效能持续增强,人才比较优势稳步增强,一支规模宏大、素质优良、梯次合理、作用突出的人才队伍加速形成。

同时,我国现阶段也比历史上任何时期都更加渴求人才。今天,我们比历史上任何时期都要更接近、更有信心和能力实现中华民族伟大复兴的目标。站上新的历史起点,无论是建设科技强国,还是满足人民日益增长的美好生活需要,都迫切需要一批又一批德才兼备的高素质专业化人才接续奋斗。还要看到,我国人才工作同新形势新任务相比还有很多不适应的地方。党的十九届五中全会明确了到 2035 年我国进入创新型国家前列、建成人才强国的战略目标。全方位培养、引进、用好人才,大力建设战略人才力量,需要加快建设世界重要人才中心和创新高地,厚植人才资源竞争优势,着力形成人才竞争的比较优势。

要在激烈的人才竞争中广纳天下英才,需要落实好中央的顶层设计和战略谋划,深化人才体制机制改革。同时,结合各地发展实际,特别是产业发展、资源禀赋等基础条件,找准自身的比较优势,拿出更具特色的人才政策,让地方、行业、领域的发展与人才成长相互成就。

首先,营造人才环境的"美"。营造识才爱才敬才用才的环境,是做好人才工作的社会条件。放眼全世界,凡是高层次人才集中的

第四章
新时代新征程继续践行任人唯贤

地方,必然是人才环境最好的地方;高质量创新成果最多的地方,也一定是创新环境最优的地方。要把人才切实当作第一资源,积极营造尊重人才、求贤若渴的社会环境,公正平等、竞争择优的制度环境,待遇适当、保障有力的生活环境,为人才发展创造良好条件。

其次,筑好发展创业的"巢"。对人才而言,最有吸引力的是创业平台和发展舞台。产业是人才的"巢",尤其是高端产业。近年来,一线及部分新一线城市在先进制造业、战略性新兴产业方面都取得了长足的发展,为吸引和留住人才提供了较多的机会和岗位。唯有做强做优做大制造业和实体经济,才能提高自身的人才竞争优势。

再次,消除人才机制的"阻"。良好人才环境的形成,有赖于全面深化改革。习近平总书记指出,人才发展体制机制改革"破"得不够,"立"得也不够。必须破除人才培养、使用、评价、服务、支持、激励等方面的体制机制障碍,破除"四唯"现象,向用人主体授权,为人才松绑,才能把我国制度优势转化为人才优势、科技竞争优势,加快形成有利于人才成长的培养机制、有利于人尽其才的使用机制、有利于人才各展其能的激励机制、有利于人才脱颖而出的竞争机制,把人才从科研管理的各种形式主义、官僚主义的束缚中解放出来。着力形成人才国际竞争的比较优势,让各类人才的创造活力竞相迸发、聪明才智充分涌流。

四、加快建设国家战略人才力量,营造识才爱才敬才用才的良好环境

新时代的人才强国战略,既是中国面向经济主战场的需要,也是支撑国家重大战略的需要;不仅是中国引领世界科技前沿的需要,更是全面建设社会主义现代化国家、基本实现社会主义现代化的需要。

习近平总书记在中央人才工作会议上指出:"人才发展体制机制改革'破'得不够、'立'得也不够,既有中国特色又有国际竞争比较优势的人才发展体制机制还没真正建立。"比如,传统人事管理制度仍未打破,用人单位缺乏用人自主权,政府过度干预长期存在;一些部门和单位习惯把人才管住,在服务、支持、激励等方面措施不多、方法不灵,抑制了人才创新创造的积极性;人才评价标准仍然比较单一,突出创新价值、能力和贡献的人才评价制度尚未形成、人才分类评价制度没有建立、人才动态性评价机制还不完善;等等。因此,要不断深化人才发展体制机制改革,营造识才爱才敬才用才的良好环境。党的二十大报告明确要求:"深化人才发展体制机制改革,真心爱才、悉心育才、倾心引才、精心用才,求贤若渴,不拘一格,把各方面优秀人才集聚到党和人民事业中来。"新征程上,吸引、培养、用好与留住大批高素质人才,形成人才群聚效应,必须全方位营造识才爱才敬才用才的良好环境。

营造聚天下英才而用之的良好氛围,首先要厚植培养人才的沃土。当前,在各类人才的成长、任用、选拔中,一些行政化的思维还在阻碍人才的顺畅流动与活力迸发。在人才管理使用中,党委既

第四章
新时代新征程继续践行任人唯贤

要发挥举旗定向的作用,又要防止管得过宽过细,阻碍人才活力的迸发。要以改革的举措不断破除僵化的机制,创新模式对人才开发和使用开展全过程评估和管理,形成重业绩、重贡献、重能力的人才评价体系,倡导有才者有位的用人导向,确保有真才实学的人才有用武之地,对党的事业产生真正的推动提升作用。

深入实施人才强国战略,培养造就大批德才兼备的高素质人才,是国家和民族长远发展大计。改革开放四十多年,我国引进了大量海外人才,有力促进了我国社会主义现代化建设。全球化时代,各类要素的跨国流通已成常态,我们要继续解放思想,开拓思路,制定多种政策措施,创新多元思维手段,广开门路,招才引智,推动人才量的扩大、质的提升。同时,强化人才引领发展意识,注重统筹布局和顶层设计,重点突出,进一步完善提高人才自主培养质量,着力形成人才国际竞争的比较优势。

引进人才、留住人才、善用人才,最好的环境是良好的体制机制。党的十八大以来,我们不断破除人才引进、培养、使用、评价、流动、激励等方面的体制机制障碍,加快形成有利于人才成长的培养机制、有利于人尽其才的使用机制、有利于人才各展其能的激励机制、有利于人才脱颖而出的竞争机制,使我国制度优势源源不断地转化为人才优势、科技竞争优势。当前,我国已经进入实现中华民族伟大复兴的关键时期,我们要继续遵循社会主义市场经济规律和人才成长规律,破除束缚人才发展的思想观念和体制机制障碍,营造人才辈出、人尽其才的良好氛围,为中华民族伟大复兴提供强大的人才支撑。

读懂任人唯贤

人才是点燃我国经济社会高质量发展的"人才引擎",必须坚持团结人才的认识提升,充分激发各类人才的创新创造活力。团结人才就是充分发挥党的思想政治工作、严密组织体系、密切联系群众等优势,做到包容人才、扶持人才,协同政策落实,加强集成联动,激发为国家、为人民干事创业的热情,持续增强人才效能。

鼓励创新,宽容失败,用好用活各类人才。既善用人才之长,又善避人才之短,既给人才提供尽可能好的机会和平台,又为其提供增强素质修养的思想引领和精神关怀,让各类人才的创造活力竞相迸发,聪明才智充分涌流。在实际工作中要最大限度调动科技人才创新积极性,宽容干部和各类人才在工作中特别是改革创新中的失误,在全社会营造鼓励大胆创新、勇于创新、包容创新的良好氛围,营造识才爱才敬才用才的环境。

坚持引领人才,注重人才驱动的平台引领和精神引领。加强对人才工作的引领,既要为其提供必要的平台支撑,也要坚持用习近平新时代中国特色社会主义思想武装人,用党的理想信念塑造人,用社会主义核心价值观凝聚人,用中华民族伟大复兴历史使命激励人。

平台引领。平台对于个人成长成才具有重要的支撑作用。通过搭建联动式、立体化平台,为人才在科学研究、工作生活等方面提供服务,以便其集中精力潜心创新创造活动,提升原始创新、自主创新、尖端创新能力。同时,高度重视对人才政、产、学、研、用协同创新的教育引领,通过国家人才战略的宣传引导和制度安排,促进人才、资本、信息、技术等创新要素的流动整合、优势互补与深度合作,加强集体攻关、团结协作,从而取得重大创新成果。

第四章
新时代新征程继续践行任人唯贤

精神引领。精神是引领人才奋进新时代、攻克科技难关的强大动力。中国共产党人精神谱系中的伟大建党精神、劳模精神、抗疫精神、"三牛"精神、科学家精神、探月精神、新时代北斗精神等，对知识分子具有直接的教育、启迪和激励意义，是爱国主义、集体主义、社会主义精神的充分体现。我们要教育引领人才继承发扬好这些伟大精神财富，进一步凝聚起攻坚克难、团结协作、守正创新的精气神，以精神之火和信念之光加快建设世界重要人才中心和创新高地。

第二节　建设堪当民族复兴重任的高素质干部队伍

全面建设社会主义现代化国家、全面推进中华民族伟大复兴，关键在党。党的二十大报告指出，"一些党员、干部缺乏担当精神，斗争本领不强，实干精神不足，形式主义、官僚主义现象仍较突出；铲除腐败滋生土壤任务依然艰巨"，对推进高素质干部队伍建设鲜明提出一系列基本原则、重要要求、重点任务，为我们不断建强执政骨干队伍、保证党和国家事业兴旺发达提供了重要遵循。

一、坚决维护党中央权威和集中统一领导

旗帜鲜明讲政治，坚决维护党中央权威和集中统一领导。"两个确立"是党在新时代取得的重大政治成果，是党应对一切不确定性的最大确定性、最大底气、最大保证。要坚持加强党的政治建设，严明政治纪律和政治规矩，严格党内政治生活，引导党员干部深刻领悟"两个确立"的决定性意义，增强"四个意识"、坚定"四个自信"、做到"两个维护"，不断提高党员干部政治判断力、政治领悟力、政治执行力，做政治上的明白人，以听党指挥、为党尽责的实

第四章
新时代新征程继续践行任人唯贤

际行动,确保党中央决策部署落实见效。

坚持不懈用习近平新时代中国特色社会主义思想凝心聚魂,推动广大党员干部做坚定信仰者和忠实实践者。习近平新时代中国特色社会主义思想是当代中国马克思主义、二十一世纪马克思主义,是中华文化和中国精神的时代精华。要全面加强党的思想建设,加强理想信念教育,坚持理论武装同常态化长效化开展党史学习教育相结合,引导党员、干部不断学史明理、学史增信、学史崇德、学史力行。坚持学思用贯通、知信行统一,使科学理论真正转化为坚定理想、锤炼党性和指导实践、推动工作的强大力量。

坚持严的基调不动摇,加强对党员干部全方位管理和经常性监督。增强对"一把手"和领导班子监督实效,做到一级抓一级、一级管一级,层层管起来、严起来,通过"关键少数"带动"绝大多数"。全面加强党的纪律建设,严格执行党的各项规章制度,对违反党纪的问题坚决查处。保持反对和惩治腐败的强大力量常在,坚决防止领导干部成为利益集团和权势团体的代言人、代理人。强化对党员干部的日常监督、抓早抓小,对苗头性、倾向性的问题,做到早发现、早提醒、早查处、早纠正。

注重在重大斗争中磨砺干部,加强干部斗争精神和斗争本领养成,促进干部经风雨、见世面、壮筋骨,进一步带头担当作为。完善干部考核评价体系,引导干部树立和践行正确政绩观。建立健全干部担当作为的激励和保护机制,严格落实"三个区分开来"要求,切实为勇于负责的干部负责、为勇于担当的干部担当、为敢抓敢管的干部撑腰,激励广大干部奋进新时代。

抓好后继有人这个根本大计,从严从实加强对年轻干部教育管理监督。作为党和国家事业的接班人,年轻干部肩负着实现中华民族伟大复兴的时代责任。党的二十大报告强调,抓好后继有人这个根本大计。要围绕坚定理想信念、深化纪法教育、加强监督检查、精准执纪问责等方面加强对年轻干部教育管理监督。

二、深入贯彻新时代党的组织路线

把政治标准放在首位。严格把好政治关、廉洁关,决不能让政治上、廉洁上有问题的人蒙混过关、投机得逞。习近平总书记指出,"干部工作也好,人才工作也好,本质上都是用人问题",强调"应变局、育新机、开新局、谋复兴,关键是要把党的各级领导班子和干部队伍建设好、建设强"。

强化干部政治素质考察,把提高治理能力作为新时代干部队伍建设的重要任务,加强思想淬炼、政治历练、实践锻炼、专业训练,推动广大党员干部严格按照制度履行职责、行使权力、开展工作。加强思想淬炼,引导广大干部学懂弄通做实习近平新时代中国特色社会主义思想,强化理想信念宗旨教育和对党忠诚教育,解决好世界观、人生观、价值观这个"总开关"问题;加强政治历练,增强"四个意识"、坚定"四个自信"、做到"两个维护",严格党内政治生活,提高政治觉悟、政治能力,锤炼忠诚干净担当的政治品格;加强实践锻炼,在贯彻落实习近平总书记重要讲话、重要指示批示精神和党中央决策部署的生动实践中,在做好改革发展稳定各项工

第四章
新时代新征程继续践行任人唯贤

作和完成急难险重任务中,发扬斗争精神、增强斗争本领,提高扛重活、打硬仗、解难题、防风险的能力;加强专业训练,全面提升专业知识、专业能力、专业作风、专业精神,提升制度执行力和治理能力,提升结合实际抓落实的能力,使广大干部政治素养、理论水平、专业能力、实践本领跟上时代发展步伐。

三、进一步推进干部选任制度科学化规范化

正确把握德与才的辩证关系,坚持事业为上、以事择人、人事相宜,牢固树立重实干、重实绩、重担当的用人导向,及时把那些愿干事、真干事、干成事的干部发现出来、任用起来,让有为者有位、能干者能上、优秀者优先。

好干部是选拔出来的,也是培育和管理出来的。要完善管思想、管工作、管作风、管纪律的从严管理机制,改进政绩考核方法,加强领导干部日常监督特别是政治监督,严格选人用人工作监督,推动能上能下、能进能出,推动形成能者上、优者奖、庸者下、劣者汰的正确导向。

建立健全干部担当作为的激励和保护机制,完善和落实政治上激励、工作上支持、待遇上保障、心理上关怀的具体措施,巩固公务员职务与职级并行制度成果,关心关爱基层一线特别是艰苦边远地区干部,落实"三个区分开来"要求,切实为勇于负责的干部负责、为勇于担当的干部担当、为敢抓敢管的干部撑腰。

当前,百年未有之大变局加速演进,世界之变、时代之变、历

史之变正以前所未有的方式展开,我国需要应对的风险挑战、需要解决的矛盾和问题比以往更加错综复杂。党的二十大报告强调:"全面建设社会主义现代化国家,必须有一支政治过硬、适应新时代要求、具备领导现代化建设能力的干部队伍。"这是党中央着眼于新形势新任务对干部队伍建设提出的基本要求。为政之要,莫先于用人。要以此为遵循,坚持不懈加强干部队伍建设,培养忠诚干净担当的高素质干部,继续把中华民族伟大复兴的历史伟业推向前进。把"建设堪当民族复兴重任的高素质干部队伍"这一重大任务落到实处,我们的事业将无往而不胜。

第四章
新时代新征程继续践行任人唯贤

第三节　深化人才发展体制机制改革

党的二十届三中全会通过的《中共中央关于进一步全面深化改革、推进中国式现代化的决定》提出："深化人才发展体制机制改革。实施更加积极、更加开放、更加有效的人才政策,完善人才自主培养机制,加快建设国家高水平人才高地和吸引集聚人才平台。"新时代新征程,中国共产党要继续带领全国人民加快建设世界重要人才中心和创新高地,着力形成人才国际竞争的比较优势,把各方面优秀人才集聚到党和人民事业中来。

一、实施更加开放的人才政策

人才是实现民族振兴、赢得国际竞争主动的战略资源。我国一直重视人才在国家发展中的重要战略地位,坚持实施开放的人才政策。习近平总书记强调,"要实施更加开放的人才政策,引进培养一批具有国际水平的战略科技人才、科技领军人才、青年科技人才和高水平创新团队,聚天下英才而用之"。

实施更加开放的人才政策是我国应对国际国内新形势的战略选择。从国际看,世界新一轮科技革命和产业变革迅猛发展,世界上各个地区的人才大规模、频繁且高效率地流动，新一轮人才争夺战已经打响。这就要求必须实行更加积极、更加开放、更加有效的人才引进政策，形成具有吸引力和国际竞争力的人才制度体系，加快建设世界重要人才中心和创新高地。

实施更加开放的人才政策，既有利于我国加快实现科技强国目标，也有利于开展国际合作攻关，携手解决人类面临的问题与挑战。一方面，在实现中国式现代化目标背景下，通过实施更加开放的人才政策，有利于汇集全球人才，建设世界重要人才中心和创新高地，加快实现科技强国目标。另一方面，科技创新具有全球公共产品性质，通过实施更加开放的人才政策，加强国际创新合作，最终为推动构建人类命运共同体作出更大贡献。解决人类面临的重大问题，需要开展国际合作攻关，以开放聚创新之势。

构建并实施更加开放的人才政策，需要深化人才发展体制机制改革，不断完善面向国际化人才的政策制度及配套环境。各地区各部门应该结合自身特点和发展战略，按照政策要素，出台实施更加具有突破力度的具体政策举措。政策实施需要紧紧围绕战略目标，坚持内外贯通融合，创新方法步骤，从具体政策措施设计、新型国际合作机制搭建、更加开放的人才管理体制建设等层面，分步实施、层次递进。制定更加开放的引才管理制度措施。统筹国家和地方、产学研各方和行业发展三个维度需求，不断创新交流合作模式，调动创新主体引才、聚才的积极性，搭建新型国际合作平台，吸引国际创新团队、创新人才和资本便捷化进入我国，完善国际科技人才流动机制，打造市场化法治化营商环境，推动创新链与产业链互促互进，逐步形成有利于国际人才创新创业的管理体制。采取更加开放的"赛""奖""订"等合作模式。加强政策协调，努力打破制约知识、技术、人才等创新要素流动的壁垒，最大限度用好全球创新资源，通过国内外人才、资本、技术等创新资源的流动和交换，促进我国整体创新能力的提升。打造更加开放宜居的高品质国际人才社区。鼓励各地方聚焦国际化、生态化、数字化，围绕教育文化、创新事业、医疗健康、交通网络、生态低碳等场景，通过体系化设计，形成国际人才宜居社区。

围绕我国战略目标，加强顶层设计，确立更加开放的人才政策构建与实施的思路原则。坚持以习近平新时代中国特色社会主义思想为指导，深入贯彻落实习近平总书记关于做好新时代人才工作的重要思想，坚持党管人才原则。实施更加开放的人才政策，以全球视野谋划和推动创新，加快形成开放创新生态。

二、完善人才培养机制

2024年6月24日，在全国科技大会、国家科学技术奖励大会、两院院士大会上，习近平总书记指出："要坚持以科技创新需求为牵引，优化高等学校学科设置，创新人才培养模式，切实提高人才自主培养水平和质量。"深化人才发展体制机制改革，提升国家创新体系整体效能，必须加强自主培养，造就一支规模宏大、结构合理、素质优良的创新型人才队伍。

科技兴则民族兴，科技强则国家强。习近平总书记指出："必须

读懂任人唯贤

充分认识科技的战略先导地位和根本支撑作用,锚定2035年建成科技强国的战略目标,加强顶层设计和统筹谋划,加快实现高水平科技自立自强。"新发展阶段,要强化顶层设计和整体统筹,不断拓展服务国家重大科技创新需求的深度和广度,将服务国家重大战略需求和解决"卡脖子"关键技术的"科研命题"作为"教育命题"和"育人选题",加快推进国家实验室、国家科研机构、高水平研究型大学、科技领军企业等国家战略科技力量建设,尤其是要加强人才自主培养能力,通过国家创新体系整体效能的提升,自觉履行高水平科技自立自强的使命担当。

高校是科技第一生产力、人才第一资源、创新第一动力的重要结合点,肩负着科技创新和自主人才培养的重任。要大力提升基础学科人才培养能力,重视对学科共通基础平台的打造,全方位、全链条优化基础研究人才培养体系,对具有前沿性、基础性、战略性的原始创新和跨学科交叉研究择优进行滚动支持,努力突破一批事关国家战略的"撒手锏"技术、制约高质量发展的"卡脖子"技术、构建先发优势的关键技术和引领未来发展的前沿技术,全力打造"换轨超车"发展新赛道。

立足需求驱动,提升人才自主培养能力。科技创新需要人才支撑,人才培养又依赖于教育发展。习近平总书记深刻指出:"当今世界的竞争说到底是人才竞争、教育竞争。"当前,新一轮科技革命和产业变革深入发展,应以中华民族伟大复兴的创新需求为动力,坚持面向世界科技前沿、面向经济主战场、面向国家重大需求、面向人民生命健康的战略导向,在集成电路、工业母机、基础软件、先进材料、科研仪器、核心种源等方面提升人才自主培养能力,培养更多高素质技术技能人才、能工巧匠、大国工匠。充分发挥高校、科研院所和企业积极性,进一步加强校企合作,打造以项目为牵引、以解决实际科技需求为驱动的实践培养体系,通过双向赋能实现合作共赢。进一步加强人文素养、科学基础、工程教育,加强拔尖创新人才自主培养,为解决我国关键核心技术攻关提供人才支撑。

开放合作是正道,在合作共赢中加强自主培养。不拒众流,方为江海。强调人才自主培养,绝不意味着自我隔绝,而要以更大的开放拥抱发展机遇,以更好的合作谋求互利共赢,要扩大国际科技交流合作,加强国际化科研环境建设,形成具有全球竞争力的开放创新生态。当前,新一轮科技革命和产业变革深入发展,全球面临气候变化、能源革命、公共卫生等全球性科学难题,比以往任何时刻都更需要国际科技合作。我们要秉持构建人类命运共同体理念,坚持以全球视野、世界眼光谋划和推动人才培养,加强与世界一流大学、高水平科研机构、"高精尖缺"企业行业的深度合作,推动各方力量协同育才,将前沿创新优势转化为人才自主培养胜势。

三、加快建设高水平人才高地

在中央人才工作会议上,习近平总书记指出,"国家发展靠人才,民族振兴靠人才",他明确提出"在北京、上海、粤港澳大湾区建设高水平人才高地"。面向未来,我们要全面贯彻习近平总书记关于做好新时代人才工作的重要思想,牢固确立人才引领发展的战略地位，以国家战略需求为导向，以产业需求为牵引，实行更加开放、更加便利的人才引进、培养政策，打造良好人才创新生态环境，稳步推进高水平人才高地建设举措落实落地。

持续深化人才工作体制机制创新。习近平总书记指出，人才发展体制机制改革"破"得不够、"立"得也不够，既有中国特色又有国际竞争比较优势的人才发展体制机制还没真正建立。他强调，要"打通人才流动、使用、发挥作用中的体制机制障碍""使各方面人才各得其所、尽展其长"。深化人才发展体制机制改革，是构筑人才制度优势、实现高质量发展的战略之举。近年来，北京、上海、粤港澳大湾区建设高水平人才高地，尤其注重破除人才培养、使用、评价、服务、支持、激励等方面的体制机制障碍，向改革要动力。如北京围绕首都发展、引进和服务海外高层次人才、国际科技创新中心建设等方面陆续出台系列人才政策。面向未来，三地更要紧抓加快建设高水平人才高地的重大机遇，用足用好国家赋予的人才发展各项政策措施，持续推进符合地方特点的人才体制机制改革创新，着力解决人才权限、评价使用、科研管理、成果转化等突出问题，加快形成有利于人才成长的培养机制、有利于人尽其才的使用机制、有利于人才各展其能的激励机制、有利于人才脱颖而出的竞争机制。

加快建设国家战略人才力量。战略人才站在国际科技前沿、引领科技自主创新、承担国家战略科技任务，是支撑我国高水平科技自立自强的重要力量。习近平总书记强调，要把建设战略人才力量作为重中之重来抓。北京、上海、粤港澳大湾区要继续将建设战略人才力量作为加快建设高水平人才高地的重点任务进行谋划，充分

第四章
新时代新征程继续践行任人唯贤

发挥三地高校和科研院所集中等优势,加强国家实验室、新型研发机构、高新技术企业等科技创新主平台主阵地建设,加强跨地区、跨行业、跨领域、跨单位科研团队建设和项目合作,为战略人才集聚、培养打造国际一流的创新平台。围绕国家重点领域、重点产业,组织产学研协同攻关,在重大科研任务中培养战略领军人才。

坚持完善有利于激发人才活力的软硬环境。全球引才竞争,实质上是人才发展环境的竞争。环境好,则人才聚,事业兴。习近平总书记指出,"必须积极营造尊重人才、求贤若渴的社会环境,公正平等、竞争择优的制度环境,待遇适当、保障有力的生活环境,为人才心无旁骛钻研业务创造良好条件"。高水平人才高地要集聚全球高端人才和智力资源,必须拥有"引得进""留得住""用得好"的人才生态环境,这是释放我国人才创新创造活力的重要基础保障。要持续深化人才评价使用机制改革,在创新科研成果评定、职称评聘等方面的改革中取得新的进展;要统筹加强人才服务体系建设,坚持以高品质、便利化的综合创新提升城市软实力;还要持续改善"硬环境",加快优化"软环境",真正帮助各类人才解除后顾之忧,不断增强各类人才的归属感,为人才心无旁骛钻研业务创造良好条件。

建设高水平人才高地是我国加快建设创新型国家、全面建成社会主义现代化强国的内在需要,也是深入实施新时代人才强国、科技自立自强战略的必由之路。我们要深刻领会党的二十大精神,不断加强人才工作战略谋划和政策创新,加快建设高水平人才高地,为我国建设世界重要人才中心和创新高地提供战略支撑。

体制顺、机制活,则人才聚、事业兴。实现中华民族伟大复兴,人才越多越好,本事越大越好。在全面建设社会主义现代化国家、向第二个百年奋斗目标进军的新征程上,深化人才发展体制机制改革,加快形成有利于人才成长的培养机制、有利于人尽其才的使用机制、有利于竞相成长各展其能的激励机制、有利于各类人才脱颖而出的竞争机制,把各方面优秀人才集聚到党和国家事业中来,形成人人渴望成才、人人努力成才、人人皆可成才、人人尽展其才的良好局面,我们就一定能为2035年基本实现社会主义现代化提供人才支撑,为2050年全面建成社会主义现代化强国打好人才基础。